MERIAN *live!*

Arlon ?

Luxemburg

La carte et le territoire
les particules élémentaires

Bahn cfl. lu

rue du fort Oisy

Dirk Schröder ist Reisejournalist und
Fotograf und lebt und arbeitet am Chiem-
see in Oberbayern. Aus seiner Feder
stammen zahlreiche Reiseführer sowie
Beiträge für Zeitschriften und Magazine.

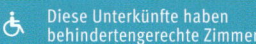

Inhalt

◄ Am Boulevard Roosevelt befindet man sich im Herzen von Luxemburg-Stadt (► S. 35).

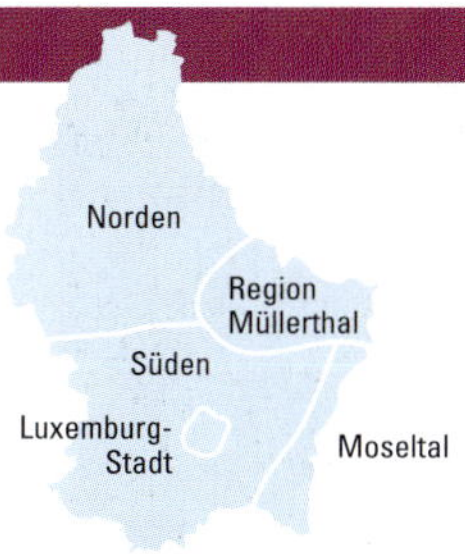

Norden

Region Müllerthal

Süden

Luxemburg-Stadt

Moseltal

Booking 2261 – 20 - 22 81 2

2, rue du Fort Olisy

0352 - 226 88 9?0

Willkommen in Luxemburg

Gaumenfreuden, Naturschönheiten und geschichtsträchtige Orte locken viele Besucher in das kleine Großherzogtum.

Gegen Mittag öffnen sich nach und nach die Sonnenschirme der Cafés, Restaurants und Weinlokale auf dem Marktplatz in Echternach. Die einen kommen zu Pfingsten in die Domstadt, um die wohl ungewöhnlichste Prozession Luxemburgs, die Springprozession, mitzuerleben, die seit Kurzem auch auf der Liste des UNESCO-Weltkulturerbes steht. Andere zieht es weiter in die Region Müllerthal. Wer die Schönheit dieser Landschaft kennenlernen möchte, der sollte sich auf einen der beschilderten Wanderwege begeben. In den dichten Wäldern tauchen bizarre Felslandschaften auf, es geht durch tief eingekerbte Täler und teilweise durch Spalten hoher Felsen hindurch. Schnell versetzt die besondere Landschaft den Wanderer in eine mystische Gedankenwelt, in der die Felsformationen Gesichter bekommen. Wer das Abenteuer liebt, der kann hier am Seil senkrecht die grauen Gebilde erklimmen, die an die faltige Haut riesiger Elefanten erinnert. Der Boden ist mit Laub und Farnen überzogen, und die feuchten Stellen mit schimmernd grünen Moosschichten lassen Fantasien von Elfen und Zwergen aufkommen. Auf den Höhenzügen angelangt, führen die Wanderpfade durch kleine Ortschaften, die nicht selten von Burgen überragt werden.

◄ Der »Dënzelt«: das Gerichtsgebäude und Wahrzeichen Echternachs (► S. 63).

Köstliches aus der Region

Es ist ein Trend in Luxemburg geworden, dass die Menschen sich an alte Rezepte erinnern und das veredeln, was in der Region gedeiht. Wer dafür seine Sinne öffnet, wird immer wieder auf Schilder stoßen, die zu einer Käserei führen, einem Biobauernhof, einer Destillerie oder in die Chocolaterie Pâtisserie Thinnes nach Echternach, wo es die besten Pralinen Luxemburgs gibt.

Aber zurück zu den Burgen und Schlössern. Davon gibt es im Großherzogtum mehr als bei den Nachbarn ringsum. Viele von ihnen wurden restauriert, doch nur eine ist per Sessellift zu erreichen. Die Burg von Vianden zählt zu den Höhepunkten einer Reise durch Luxemburg. Beim Anblick der zahlreichen Waffen und Ritterrüstungen fühlt man sich schnell ins Mittelalter versetzt.

Zweimal Luxemburg

Eine Burg ist auch die Keimzelle der Hauptstadt Luxemburg. Der Name mit zwei verschiedenen Bedeutungen verwirrt manch einen bei einem flüchtigen Blick auf die Europakarte. Zum einen bezieht er sich auf das Großherzogtum Luxemburg als auch auf die Hauptstadt des Landes. Wenn jemand kurz von der »Stadt« spricht, ist damit unmissverständlich die Hauptstadt gemeint. Somit ist klar, dass es nichts Vergleichbares gibt, auch wenn sich im Süden die einstige Industriemetropole Esch-sur-Alzette nach Kräften bemüht, ihr Image aufzupolieren.

Seit einiger Zeit residiert am breiten Boulevard Royal der »Glücksfall«, wie die Luxemburger es nennen. Glücksfall deshalb, weil zu der Zeit, als die Stahlindustrie in die Krise geriet, die Finanzwelt auf das kleine Land im Herzen Europas aufmerksam wurde. Das neue Finanzzentrum mit hypermodernen Geldtempeln und dem Europaparlament ist auf dem Kirchbergplateau entstanden. Wie ein Wahrzeichen dieses neuen Stadtteils strahlt die Philharmonie zur Altstadt herüber und gleich nebenan das Museum für moderne Kunst. Der historische Kern ist dadurch keineswegs ins Abseits geraten. Ganze Bereiche der Altstadt stehen heute auf der UNESCO-Liste schützenswerter Baudenkmäler.

Zum Schluss noch ein paar Worte zu den Luxemburgern, die zu Recht als freundlich, offen und hilfsbereit gelten. Viele von ihnen sprechen drei Sprachen, darunter fließend Deutsch. Wer einmal nicht versteht, wenn sich zwei »Einheimische« unterhalten, dann kann es sein, dass sie ihre Muttersprache sprechen. Lëtzebuergesch ist ein Dialekt germanischen Ursprungs (Moselfränkisch), der mit französischen und deutschen Worten durchsetzt ist. Als Ausdrucksmittel für eine eigene Identität wurde Lëtzebuergesch 1984 zur Nationalsprache erklärt und wird landesweit gesprochen.

Die Menschen hier verstehen es nicht nur zu arbeiten, sondern auch das Leben zu genießen. Von den Gourmets wird Luxemburg seit Langem schon als »Schlemmerland« bezeichnet, in dem weltbekannte Köche und Köchinnen ihren Schneebesen schwingen. In keinem anderen Land gibt es so viele Sternerestaurants auf engem Raum wie in Luxemburg.

MERIAN-TopTen
MERIAN zeigt Ihnen die Höhepunkte der Region: Das sollten Sie sich bei Ihrem Besuch in Luxemburg nicht entgehen lassen.

1 Europäisches Theater- und Musikfestival, Wiltz
Unübertroffen an Größe und Vielfalt (▸ S. 24, 58, 61).

2 Grubenmuseum, Rumelange
Der dunkle Stollen, in dem lange Zeit Eisenerz abgebaut wurde, fesselt große und kleine Besucher (▸ S. 31, 91).

3 Kasematten, Luxemburg-Stadt
Weite Teile der im 18. Jh. angelegten unterirdischen Gänge sind heute noch zugänglich (▸ S. 35, 36).

4 Philharmonie, Luxemburg-Stadt
Das Konzerthaus ist der Stolz der Hauptstadt (▸ S. 36, 39).

5 Galerie für zeitgenössische Kunst »Am Tunnel«, Luxemburg-Stadt
18 m unter der Erde avancierte der Verbindungstunnel einer Bank zum unterirdischen Event (▸ S. 40).

6 Geschichtsmuseum der Stadt Luxemburg
In historischem Gemäuer wird Stadtgeschichte lebendig (▸ S. 40).

7 MUDAM, Luxemburg-Stadt
Ein Muss: das im Juli 2006 eröffnete Musée d'Art Moderne Grand-Duc Jean (▶ S. 36, 40).

8 Burg Vianden
Das charmante Ardennenstädtchen wird von der größten Burg westlich des Rheins überragt (▶ S. 55, 56).

9 Echternach
Die älteste Stadt Luxemburgs mit Abtei und Basilika sowie traumhafter Umgebung zum Wandern (▶ S. 63).

10 Train 1900
Jeden Sonntag setzt sich der Oldtimerzug auf der Strecke zwischen Pétange und Rodange in Bewegung (▶ S. 31, 90).

MERIAN-Tipps

Mit MERIAN mehr erleben. Nehmen Sie teil am Leben der Region und entdecken Sie Luxemburg, wie es nur Einheimische kennen.

 Hôtel de la Gaichel
Unweit der belgischen Grenze verspricht das behagliche Hotel eine Fülle luxuriöser Annehmlichkeiten (▸ S. 13, 97).

 Villeroy & Boch, Luxemburg-Stadt
Der bekannte Porzellanhersteller bietet Fabrikverkauf an (▸ S. 21).

 Schmetterlingsgarten, Grevenmacher
Hier wird der Besucher von handtellergroßen Schmetterlingen umschwärmt (▸ S. 31).

 Restaurant Chiggeri, Luxemburg-Stadt
Zu erlesenen Gerichten wird hier die größte Weinauswahl der Welt kredenzt (▸ S. 43).

 Rives de Clausen, Luxemburg-Stadt
So nennt sich die neue Ausgehmeile für junge Leute, eingerichtet in einer ehemaligen Brauerei (▸ S. 45).

 Burgruine Bourscheid
Die Wehrtürme des mittelalterlichen Château beeindrucken ebenso wie das Panorama (▸ S. 51).

7 Im Solarboot Flora und Fauna entdecken
Eine Rundfahrt mit dem Boot gibt Einblicke ins Naturreich des Obersauer Stausees (▸ S. 52).

8 Hotel le Bisdorff, Berdorf
Abseits im Grünen, im Wandergebiet Müllerthal – Kleine Luxemburger Schweiz, kocht Sylvie Bisdorff für Sie, aber auch für Fernsehzuschauer (▸ S. 69).

9 Princesse Marie-Astrid
Das elegante Ausflugsschiff lockt mit Schlemmerfahrten auf der Mosel (▸ S. 75).

10 Influences des Saveurs, Esch-sur-Alzette
In diesem Feinschmeckertempel werden Sternegerichte serviert (▸ S. 88).

Auf der Place d'Armes (▸ S. 35) schlägt das Herz von Luxemburgs City. Im Sommer verwandelt sich der lebhafte Platz in ein einziges Open-Air-Restaurant.

Zu Gast
in Luxemburg

Luxemburg ist reich an Attraktionen und bietet ausgefallene Restaurants ebenso wie romantische Herbergen. Und viele Anlässe, bei denen man mit den Einheimischen feiern kann.

Übernachten

In Luxemburg hat man es gern überschaubar. Daher gibt es hier behagliche Mittelklassehäuser statt Hotelburgen. Oder man wohnt originell in einer Mühle oder in einer Ferienwohnung auf dem Land.

◄ Nahe der belgischen Grenze bürgt das Hôtel de la Gaichel (► MERIAN-Tipp, S. 13) für eine exquisite Küche.

Luxemburg kann mit 8900 Hotelzimmern im ganzen Land aufwarten, davon 2900 in der Stadt. Viele Unterkünfte sind Familienbetriebe, in denen man sich schnell wie zu Hause fühlt. In der Hauptstadt gibt es für große Kongresse, internationale Tagungen und Events auch größere Hotels. Zur Sommersaison senken einige Großhotels ihre Übernachtungspreise bis zur Hälfte. Diejenigen, die viel Geld für eine Übernachtung ausgeben wollen und dafür Entsprechendes erwarten, haben ebenfalls die Wahl: beispielsweise das Hotel Bel-Air in Echternach (► S. 66) oder das Hôtel de la Gaichel (► MERIAN-Tipp, S. 13). Letzteres gehört zur internationalen Hotelvereinigung Relais & Châteaux.

Romantisch wohnen

Neben den eleganten, modernen Häusern der neuen Generation wurden auf dem Land einige Hotels in ehemaligen Mühlen eingerichtet, wie etwa das Hotel Au Vieux Moulin (www.hotel-vieux-au-moulin.lu, 8 Doppelzimmer €€) nahe Echternach in der Region Müllerthal – Kleine Luxemburger Schweiz und das Hotel Vieux Moulin bei Asselborn (► S. 95). In der Hostellerie du Vieux Moulin in Leesbach lässt es sich hingegen gut speisen (Leesbach/Septfontaines, Tel. 30 50 27, Restaurant €€€). Fast alle Hotels betreiben ein Restaurant, in dem nicht selten hohe Kochkunst zelebriert wird. Frühstück ist bei den Hotels meistens im Preis inbegriffen. Die Bandbreite reicht von Brötchen und der abgepackten Marmelade bis hin zum appetitlich angerichteten Buffet.

Für einen Familienurlaub ist eine Ferienwohnung besonders günstig. Urlauber, die in der Hauptsaison anreisen, sollten die Wohnung jedoch rechtzeitig reservieren. Unter der Bezeichnung »Ferien auf dem Lande« wurden alle Wohnungen zusammengefasst, die durch ihre ländliche Umgebung ein besonderes Publikum ansprechen.

Empfehlenswerte Hotels und andere Unterkünfte finden Sie bei den Orten im Kapitel ► **Unterwegs in Luxemburg.**

Preise für ein Doppelzimmer mit Frühstück:

€€€€ ab 260 €	€€ ab 100 €
€€€ ab 180 €	€ ab 50 €

MERIAN-Tipp 1

HÔTEL DE LA GAICHEL

► S. 119, D 6

Ein großartiger Garten mit Restaurantterrasse, das behagliche Ambiente des Hauses, die vielen antiken Möbel und die Einrichtung der Zimmer sorgen dafür, dass man sich wohlfühlt. Dass in einem Hotel, das zur renommierten Vereinigung   Relais & Châteaux gehört, auch die Küche stimmt, versteht sich von selbst. Besonderer Service: Ein 9-Loch-Golfplatz befindet sich gleich nebenan. Das Hotel liegt im Westen des Landes nahe der belgischen Grenze. Gaichel, Maison 5 • Tel. 39 01 29 • www.lagaichel.lu • Restaurant So-Abend und Mo geschl. • 12 Zimmer • €€€

Essen und Trinken
Feinschmecker finden lohnende Adressen. Neben raffinierter Küche wird nach französischem Vorbild zunehmend nach altem Rezept luxemburgisch gekocht.

◀ Das Nachtleben in Luxemburgs Altstadt muss sich nicht verstecken: Eine schicke Adresse ist die Bar »K'Ramba«.

In Michelins Schlemmerbibel steht Luxemburg an erster Stelle, betrachtet man das Verhältnis von Sternen zur Einwohnerzahl. Doch nicht nur hier, auch bei der Prämierung europäischer Spitzenköche sorgt das Feinschmeckerland für Schlagzeilen. Unter ihnen Jean-Paul Hoffmann vom Hotel Oranienburg in Vianden, Henri Brimer vom gleichnamigen Hotel in Grundhof oder Arnaud Magnier vom Restaurant Clairefontaine in Luxemburg-Stadt. Als Quereinsteigerin überholte Léa Linster die Schneebesen schwingende Männerwelt und setzte sich an die Spitze der Kochmützenträger. In ihrem Restaurant Léa Linster in Frisange kann man sich unter anderem ihr Bocuse-d'Or-Menü schmecken lassen. Ein anderer Name ist Sylvie Bisdorff. Sie zeigt in Fernsehsendungen ihre Kniffe oder kocht vor großem Publikum.

Spitzenküche

Seit einiger Zeit machen sich außerdem ganz junge Köche in der Szene einen Namen. Sie halten sich mit ihren innovativen Kreationen, nicht immer an die Konventionen. Andere setzen zunehmend auf regionale Produkte, wie David Albert im Hotel-Restaurant L'Ernz Noire im Müllerthal (▶ grüner Reisen, S. 17). Zu den speziellen Gerichten zählt je nach Saison und Region »Judd mat Gaardebounen«. Das sind dicke Bohnen mit geräuchertem Schweinenacken. Wenn es »Fréll« (Forelle) in Weißwein gibt, sollte man nicht lange zögern.

Im Herbst findet man gelegentlich »Huesenziwi« auf der Speisekarte, Hasenpfeffer auf luxemburgische Weise zubereitet. Der **Ardennenschinken** ist im Norden des Herzogtums die Vorspeise Nummer eins. Eine weitere Spezialität sind die kleinen **frittierten Moselfische**.

Bier und Wein

Von den fünf Brauereien des Landes liegt **Bofferding** mit seinem Bierausstoß an der Spitze, gefolgt von **Mousel**, das in der Landeshauptstadt gebraut wird. Ebenso wie **Diekirch** gehört es zur belgischen Inter-Brew, dem größten Konzern im Nachbarland. Kleine lokale Brauereien sind **Simon** im Norden bei Wiltz und **Battin** im Süden des Landes.
Zudem gibt es viele kleine Schnapsbrennereien, besonders an der Mosel, wo vorwiegend Trester und Apfel destilliert werden. Aus Johannisbeeren wird Cassis hergestellt.
Von den Weinen, die ohne Zusätze gekeltert werden, lassen Sie sich am besten beim »Pröbeln« in einem der Weinkeller entlang der Mosel überzeugen. Der **Rivaner** ist geschmeidig und fruchtig, der **Riesling** rassig. Beim **Pinot Blanc** handelt es sich um einen frischen und fruchtigen Wein. Der **Pinot Gris** ist körperreich und aromatisch. Der **Gewürztraminer** besitzt ein reiches Bukett. Der **Elbling** ist herb und leicht, der **Auxerrois** dagegen fruchtig und zart.

Empfehlenswerte Restaurants finden Sie bei den Orten im Kapitel ▶ **Unterwegs in Luxemburg.**

Preise für ein dreigängiges Menü ohne Getränke:

€€€€ ab 60 €	€€ ab 22 €
€€€ ab 38 €	€ bis 22 €

grüner
reisen

Wer zu Hause umweltbewusst lebt, möchte dies vielleicht auch im Urlaub tun. Mit unseren Empfehlungen im Kapitel grüner reisen wollen wir Ihnen helfen, Ihre »grünen« Ideale an Ihrem Urlaubsort zu verwirklichen und Menschen zu unterstützen, denen ein verantwortungsvoller Umgang mit der Natur am Herzen liegt.

Grünes Bewusstsein im Aufwind

Das »Grüne Bewusstsein« verbreitet sich in Luxemburg mehr und mehr. Vielerorts wird der Wert der Natur und ihrer heimischen Produkte entdeckt und den Gästen angeboten.

Warum nicht mal ganz anders den Urlaub verbringen und umweltfreundlich mit der Bahn anreisen, um dann die einzelnen Regionen mit dem Mietfahrrad oder zu Fuß zu entdecken? Was vor Jahren noch fast unmöglich schien, ist nun leicht zu realisieren. In besonders schönen Teilen des Landes wurden neue Rad- und Wanderwege angelegt und markiert. Für die Übernachtung bieten sich Familienbetriebe entlang der Strecken an.

Wer in Luxemburg beim Einkaufen auf gesunde Lebensmittel Wert legt, der findet entsprechende Waren durch das Gütezeichen »Marque Nationale« gegenzeichnet. Dies garantiert eine ausgezeichnete Qualität, umweltfreundliche Produktionsbedingungen und eine artgerechte Haltung der Tiere. Die Schilder »Haff« am Schaufenster eines Metzgers beispielsweise kündigen an, dass hier die Produkte direkt vom Bauernhof verkauft werden.

ÜBERNACHTEN
Bio-Betrieb Baltes Daniel
▶ S. 121, E 9

Wer im Käseort Berdorf Urlaub machen möchte und auf ausgedehnten Wanderungen oder per Fahrrad das Land erleben, der kann bei Daniel und Myriam Baltes-Alt Quartier beziehen. Die Ferienwohnung befindet sich auf dem Biobauernhof in einem Holzhaus und kommt bei Familien, die die Nähe zur Natur suchen, sehr gut an.
Stegen • Tel. 80 37 70 • www.bio baltes.lu • 1 Ferienwohnung für 2 Erwachsene und 2–3 Kinder • €

ESSEN UND TRINKEN
L'Ernz Noire
▶ S. 117, F 4

Das Hotelrestaurant gehört zur gastronomischen Schatzkammer der Region Müllerthal – Kleine Luxemburger Schweiz. David Albert hat es sich auf die Kochmütze geschrieben, frische heimische Produkte in spannende Gaumenfreuden zu verwandeln. Alles, was in der Umgebung gedeiht, findet in seiner Küche Verwendung. Das Rindfleisch bezieht er von Landwirten, die auf beste Fleischqualität und praktischen Naturschutz durch nachhaltige Ganzjahresbeweidung Wert legen. Selbstgeräuchertes und Eingekochtes bereichern den Reigen der Genüsse. Darf es vielleicht ein hauseigener Likör als Appetitanreger und ein Moselwein zum Hauptgericht sein? Bei dem Cuisinier aus Leidenschaft wird jeder Tag zu jeder Jahreszeit zu einem kulinarischen Fest.
Wer diese hohe Kunst erlernen möchte, kann sich zu einem Kochkurs anmelden. David Albert weiht die Teilnehmer in das Geheimnis ein, wie sie ihre eigenen Kreationen außergewöhnlich, aber nicht auf übertriebene Art und Weise zubereiten können.

Grundhof, 2, rte. de Beau... Tel. 83 60 40 • www.lernzn... Di geschl. • €€€€

Cornelyshaff
▶ S. 117,

In dem wunderschön renovierten Ho... werden Produkte aus der Region zum Verkauf angeboten und in der Küche zu traditionellen, bodenständigen Gerichten verarbeitet. Dazu können Sie ein Buchweizenbier probieren. Gäste können beim Essen zuschauen, wie in der heimischen Ourtaler Brauerei das Bier nach alter Tradition hergestellt wird.
Heinerscheid, an der Landstraße in Richtung St. Vith (Belgien) • Tel. 2 69 07 51 • www.cornelyshaff.lu • tgl. außer Mo. 10–1 Uhr • €

EINKAUFEN
Chocolaterie Pâtisserie Thinnes
▶ S. 121, E 9

Allein schon der Anblick der kleinen braunen Verführungen ist eine Augenweide. Wenn man dann noch weiß, dass für die Nougatpralinen »Pavés d'Echternach« mit zartem Schokoschmelz statt Zucker die doppelte Menge Honig verwendet wird, dann schmelzen alle guten Vorsätze dahin. Die Chocolaterie Thinnes arbeitet bei ihren patentierten »produits artisanaux« mit einem Luxemburger Imker zusammen, der aus der Region verschiedene Honigsorten beisteuert. Ist es bei diesem Können verwunderlich, dass Claude Thinnes schon seit Jahren zu den Spitzenköchen in Europa zählt?
Echternach, 28, rue du pont • Tel. 72 00 39

Distillerie du Mullerthal
▶ S. 121, D 9

Wer die Probierstube von Edouard Lies-Weydert betritt, hat es schwer,

...wipst wieder herauszu-
...ie Palette der Erzeugnisse
...alle in Luxemburg typischen
...late bis hin zu Spezialitäten des
...den Holunders, dem »Ugemachter
Hielenderdrepp«. Weit über hundert
Obstbäume liefern die Basis der Qua-
litätserzeugnisse, die mit der langen
Erfahrung des sympathischen Man-
nes zum Geist in der Flasche werden.
Auf seiner Angebotsliste stehen 24 Erzeugnisse zur Verkostung. Prost!
Waldbillig • 8 a, rue de la Montagne •
Tel. 87 85 54

Hof Schmalen-Brouwer

▶ S. 121, E 9

In Berdorf wurde schon vor langer Zeit
die Idee geboren, selbst Käse herzu-
stellen. Ziel der Käserei ist es, so zu
wirtschaften, dass es den höchsten
handwerklichen Ansprüchen genügt.
Heute heißt der Slogan: »Berdorf ist
da, wo der Käse herkommt.« Das sind
inzwischen viele verschiedene Sorten aus Kuh- und Ziegenmilch. »Alle
natürlich ohne Konservierungsmittel
und Farbstoffe«, wie der innovations-
freudige René Schmalen sagt. Im Hof-
laden können die Käsesorten erst
probiert werden, bevor sie in den Ein-
kaufskorb wandern.
Berdorf, 2, rue de Consdorf • www.
berdorfer.lu • Öffnungszeiten Hof-
laden: Mo, Mi, Fr, Sa, 8.30–12 und
13–17 Uhr

Regionaler Einkaufskorb

Die Region Müllerthal setzt mehr und
mehr auf hochwertige regionale Produkte. Sie werden weitgehend in Fa-
milienbetrieben mit großer Begeiste-
rung und Liebe hergestellt. Ein Blick
in die Broschüre »Regionaler Ein-
kaufskorb« zeigt die große Bandbreite. »Qualität aus dem Müllerthal«

heißt die Devise für alle, die sich dieser Idee verpflichtet haben.

AKTIVITÄTEN

Fahrradtouren durch Luxemburg-Stadt

Es gibt viele Gründe, in Luxemburg
sein Auto stehen zu lassen, seit die
Initiative Vel'oh gegründet wurde.
Man kann einfach ein Fahrrad an einer
der knapp 50 Stationen mieten und
losradeln. Die ersten 30 Min. sind sogar kostenlos, und was danach be-
zahlt wird, ist weniger als die Park-
gebühr in der City. Damit nicht genug,
im September 2009 wurden vier verschiedene touristische Fahrradrouten
durch die luxemburgische Hauptstadt
eingeweiht. Unter dem Begriff »Bike
Promenade« werden sie in einer Broschüre beschrieben.
Die Tour »Parkanlagen« führt durch
die schönsten Grünanlagen und erschließt eine ganz andere Seite der
Hauptstadt. Ohne nennenswerte Steigungen radeln Sie an Teichen, Spring-
brunnen und Spielplätzen vorbei. Auf
diese Weise kommen Sie auch in die
Stadtteile Limpersberg und Belair, wo
villenähnliche Bürgerhäuser aus der
architektonischen Blütezeit von 1870
bis 1914 erhalten sind.
Luxemburg-Stadt • www.veloh.lu

Trekkingtouren zwischen Mosel und Weinbergen

»Praktisch, einfach, günstig und umweltschonend …« wird der neue regionale Fahrradmietservice für Jung und
Alt beworben. Durch diese Initiative
wird es Besuchern leicht gemacht, die
Moselregion in aller Ruhe und im eigenen Tempo zu entdecken. Mehr als
zehn Stationen wurden an strategi-
schen Punkten eingerichtet. Hier stehen Trekkingräder, aber auch Kinder-

David Alberts Kochkünste sind über die Landesgrenzen hinaus berühmt. Im Restaurant L'Ernz Noire (▶ S. 17) in Grundhof können sich Gäste davon überzeugen.

fahrräder in verschiedenen Größen und Fahrradanhänger bereit.
Tel. 6 21 21 • www.rentabike-miselerland.lu

Wanderung durch die Region Müllerthal

Innovativ und vorbildlich hat die Region Müllerthal – Kleine Luxemburger Schweiz den sanften Tourismus durch neue Wanderrouten integriert. Das Erfolgsrezept beim 110 km langen Mullerthal Trail ist die Vernetzung mit den Übernachtungsmöglichkeiten entlang der Strecke. So bekommt der Gast neben guter Beratung auch einen Trockenraum für die Wanderausrüstung und ein gesundes kräftiges Frühstück zum Start in den neuen Wandertag. Als besonderen Service bieten einige Hotels den Gepäcktransport zur nächsten Unterkunft an. Kein Wunder, dass dieses Konzept 2010 mit dem Innovationspreis für Tourismus in Luxemburg und mit dem Wandermagazin-Award in Deutschland ausgezeichnet wurde.
www.mullerthal-trail.lu

Weihnachtsmarkt

Der Weihnachtsmarkt in der Hauptstadt ist ökologisch und umweltschonend. Die Veranstalter haben es sich auf die Fahnen geschrieben, attraktiv und umweltbewusst zu agieren. So besteht die stimmungsvolle Beleuchtung ausschließlich aus Leuchtdioden, wodurch 97 % weniger Energie verbraucht wird. Das Geschirr kann man entweder gleich mitessen oder es ist biologisch abbaubar. Zudem sind die Getränke und viele andere Waren biologische Produkte oder stammen aus Fair-Trade-Handel.

Einkaufen
Ardennenschinken, aber auch Moselweine direkt vom Winzer stehen bei Besuchern hoch im Kurs. In vielen Orten werden lokale Produkte angeboten.

◀ »Péckvillercher« (▶ S. 21) heißen diese Tonvögel, die sich Liebespaare heute noch schenken.

Gleich hinter der unsichtbaren Landesgrenze, egal ob im Süden, Norden, Westen oder Osten, konzentrieren sich die Tankstellen und Supermärkte oder beide unter einem Dach. In den Regalen steht meterweise Hochprozentiges, da stapeln sich die Zigarettenstangen und Kaffeedosen, aber auch der Schinken aus den Ardennen. Doch das ist noch längst nicht alles, was sich im Großherzogtum zu kaufen lohnt.

MOSELWEINE

Seitdem die Zollschranken gefallen sind, kann der Urlauber in aller Ruhe in den Weinkellern der Mosel den Weißwein seines persönlichen Geschmacks heraussuchen und sich für den Privatbedarf eindecken. Und wenn Sie schon einmal dabei sind, sich vom Unterschied zum deutschen Moselwein zu überzeugen, sollten Sie auch den Schnaps aus den privaten Brennereien probieren.

SCHINKEN, KÄSE UND WURST-WAREN

Geht die Reise mehr in den Norden des Landes, werden Sie an dem köstlichen Ardennenschinken nicht vorbeikommen, er schmeckt eben doch etwas anders als daheim.
Unter den Luxemburger Käsesorten ist der Bergdorfer aus der Region Müllerthal bekannt, und der Ziegenkäse des Herstellers Bio-Haff Baltes aus Stegen wurde sogar prämiert. Auch die Mettwurst aus den Ardennen hat ihre spezielle Note und ist als kleines kulinarisches Mitbringsel beliebt.

SOUVENIRS

Typische Souvenirs sind Kerzen aus Esch-sur-Sûre oder die gusseisernen Kaminzierplatten (»Taken«) aus Mersch. Die »Péckvillercher« gibt es in großer Auswahl zu Ostern, wenn sich die Liebespaare diese Keramikvögel nach alter Tradition schenken. Man bekommt sie auch direkt beim Hersteller in Nospelt (▶ Touren und Ausflüge, S. 97).

GESCHÄFTE

Ökologisch angebaute Kräutertees aus der Region des Obersauer Stausees werden unter der Bezeichnung »Téi vum Séi« (Tee vom See) angeboten. Zudem gibt es in der Hauptstadt die Uhren- und Schmuckauswahl der verschiedenen »Hoflieferanten«, eine große Auswahl an Porzellan und viele exquisite Boutiquen.

Empfehlenswerte Geschäfte und Märkte finden Sie bei den Orten im Kapitel ▶ **Unterwegs in Luxemburg.**

MERIAN-Tipp

VILLEROY & BOCH
▶ Klappe hinten, nördl. a 1
Schauen Sie mal vorsichtig unter Ihren Teller, er könnte von Villeroy & Boch sein. Der bekannte Porzellanhersteller bietet Outletverkauf und das touristische Programm Vilboyision an (preiswertere zweite Wahl) in der Hauptstadt beim Château Septfontaines (330, rue de Rollingergrund, Mo–Fr 9–17.45, Sa 9–17 Uhr). Das Geschäft befindet sich am Ende der Fußgängerzone (2, rue du Fossé). Luxemburg-Stadt

Feste und Events
Das Kulturangebot kann sich sehen lassen: Musikfestspiele, Theater, Oper, aber auch traditionelle Feste wie Karnevalsumzüge, Keramik- oder Weinmärkte finden rund um das Jahr statt.

◄ Mehrere Tausend Pilger zieht es jährlich zu Pfingsten zur ungewöhnlichen Springprozession nach Echternach (▶ S. 23).

FEBRUAR
Karneval

Umzüge in mehreren Orten. Nach alter Tradition wird in Remich zum Ende des Karnevals am Aschermittwoch eine große Strohpuppe in die Mosel geworfen.

MÄRZ
Musikfestival Printemps musical, Luxemburg-Stadt

Jazz- und Worldmusik-Konzerte.
März bis Juni

APRIL
Emais'chen

Am Ostermontag findet im Keramikdorf Nospelt (▶ S. 97) und in der Hauptstadt der traditionelle Markt statt, auf dem die bei Touristen beliebten Keramikvögel »Péckviller-cher« verkauft werden.
Ostermontag

Weinmarkt, Grevenmacher
Freitag nach Ostern

MAI/JUNI
Ginsterfest (Gënzefest), Wiltz

Alte Traditionen der Luxemburger Folklore leben hier wieder auf. Umzüge mit geschmückten Wagen, Konzerte und Theateraufführungen zeigen das Können der verschiedenen Laienschauspieler und Musiker.
Pfingstmontag

New Orleans meets Luxemburg, Luxemburg-Stadt

Amerikanisches Open-Air-Musikfestival (gratis) auf dem Wilhelmsplatz in Luxemburg-Stadt. Pfingstwochenende • www.new orleans.lu

Springprozession, Echternach

Über 10 000 Pilger und zahllose Schaulustige zieht es jeden Pfingstdienstag zur Springprozession zu Ehren des hl. Willibrord, der 739 in Echternach starb. In rhythmischen Schritten bewegen sich die Prozessionsgruppen vormittags durch die engen Gassen Echternachs, begleitet vom traditionellen Polkarhythmus der Musikkapellen.
Dienstag nach Pfingsten

Internationales Musikfestival, Echternach

Die klassischen Konzerte werden im passenden Rahmen in der Basilika, in der Pfarrkirche und im Kulturzentrum Trifolion von Echternach vorgetragen. Karten für die hochkarätigen Konzerte, bei denen schon internationale Größen der Klassik, aber auch Popstars auftraten, sollte man rechtzeitig reservieren.
Mitte Mai bis Ende Juni • Tel.
72 99 40 • www.echternachfestival.lu

JUNI
Fête de la Musique

Gratiskonzerte finden im ganzen Land statt.
21. Juni • www.fetedelamusique.lu

Nationalfeiertag

In jeder größeren Stadt des Landes finden am Vorabend des 23. Juni patriotische Umzüge, Feuerwerke und Fackelzüge statt. Am 23. Juni Militärparade in der Hauptstadt. Kunst wird an diesem Tag im Ardennendorf Lellingen produziert und prämiert.
22.–23. Juni

JULI

Meyouzik und Rock um Knuedler, Luxemburg-Stadt

Die beiden größten Open-Air-Musikfestivals der Hauptstadt, Meyouzik (Worldmusik) und Rock um Knuedler, locken jedes Jahr mehr als 20 000 Fans auf die Place Guillaume II (die von den Einheimischen »Knuedler« genannt wird).

1. Wochenende im Juli • www.meyouzik.lu, www.rockumknuedler.lu

Europäisches Theater- und Musikfestival, Wiltz 🔟

Das Freiluft-Festival (Festival Européen) dauert den ganzen Juli und ist in Luxemburg unübertroffen an Größe und Vielfalt. Das breite Angebot umfasst französisches Theater, Jazz, Ballett und Tanz, Bachkonzerte, das Lëtzeburger Theater, symphonische Konzerte, klassische Gitarre, das deutsche Schauspiel, Kindertheater und eine Oper. Meist dient die Burg als Kulisse.

Juli • Rue du Château • Tel. 95 81 45 • www.festivalwiltz.lu

Foire à Festival Naturpark, Öewersauer

Auf dieser Messe, veranstaltet im Naturparkgebiet Obersauer, werden die lokalen Produkte der Gemeinden angeboten. Für Unterhaltung ist gesorgt. Der Ort wechselt jedes Jahr.

AUGUST/SEPTEMBER

Straßentheaterfestival Streeta(rt)nimation, Luxemburg-Stadt

Rund 70 Shows (gratis) mit internationalen Straßenkünstlern verwandeln die Hauptstadt in eine große Freilichtbühne.

2. Samstag im August • www.streetanimation.lu

Prozession, Girsterklaus

Eine Marienwallfahrt nahe Rosport, die seit 1328 zu Ehren »Unserer Lieben Frau von der Girsterklause« veranstaltet wird.

Sonntag nach Mariä Himmelfahrt

Schobermesse (Schueberfouer), Luxemburg-Stadt

Größte Kirmes der Großregion, die drei Wochen dauert. Im Umkreis von 150 km gibt es keine größere! Zwischen 1,5 und 2 Mio. Besucher kommen aus dem Umkreis. Mit einem Zug durch die Stadt, begleitet vom »Hammelmarsch«, beginnt das traditionsreiche Riesenspektakel (Gründung 1340 durch König Johann, den Blinden).

Ende August/Anfang September • www.fouer.lu

Trauben- und Weinfest, Grevenmacher

Zum größten Weinfest der Region gehört die Krönung der Weinkönigin, eine Showparade und ein Feuerwerk am Moselufer.

2. Wochenende im September • www.grevenmacher.org

SEPTEMBER

Kulturfestival »Terres Rouges«, Esch-sur-Alzette

Das Streetfestival findet am Freitag und Samstag statt, ein großes Open-Air-Konzert am Sonntag.

Wochenende im September • www.festival-terresrouge.lu

St. Rochus-Prozession, Vianden

Diese traditionelle Prozession führt zur sogenannten Bildchenskapelle, die über dem Stausee der Our im Wald errichtet wurde.

September

»Riesling Open«

»Riesling Open«, eines der größten Weinfeste Luxemburgs, wird ein Wochenende im September genannt, an dem der Wein in den Moselorten Ahn, Ehnen, Machtum und Wormeldange im Mittelpunkt steht. Ein kostenloser Schiffs- und Bus-Shuttle am Sonntag bringt die Besucher zu den verschiedenen Kellereien in den genannten Orten.
3. Wochenende im September • www.rieslingopen.lu

OKTOBER
Viandener Nussmarkt (Neesmoort)

Auf diesem landesweit bekannten Volksfest werden die Nüsse auch in Form von Likör verkauft. Der Nussbranntwein »Nesdröpp« wird aus jungen Nüssen zubereitet.
2. Sonntag im Oktober

NOVEMBER
Martinstag (Miertchen)

Der St. Martinstag wird in Vianden mit alten Bräuchen gefeiert. Scheiterhaufen werden angezündet und »feurige« Umzüge in der Altstadt veranstaltet.
11. November

DEZEMBER
Prozession, Esch-sur-Alzette

Die feierliche Prozession findet zu Ehren der hl. Barbara, Schutzpatronin der Grubenarbeiter, statt.
4. Dezember

Weihnachten

Verschiedene Hotels und Restaurants im Land bieten Festessen an. Nach der Mitternachtsmesse wird in der Familie nach alter Sitte Luxemburger Blutwurst gegessen.
24./25. Dezember

Die exzellente Akustik in den Konzertsälen der Philharmonie (▶ S. 39) macht Luxemburg-Stadt zu einem Anziehungspunkt für Musikliebhaber.

Sport und Freizeit Auch wenn das
Großherzogtum klein ist, warten auf Besucher vielfältige
Freizeitmöglichkeiten zu Wasser und zu Land. Aktivitäten,
die Langeweile gar nicht erst aufkommen lassen.

◄ Gute Möglichkeiten zum Sportklettern (▶ S. 27) finden sich in der
Region Müllerthal.

Ganz hoch im Kurs stehen Fahrradtouren und Wanderungen, aber
auch Kanuten, Wassersportler und
Angler kommen nicht zu kurz. Zum
Baden gibt es an heißen Sommer-
tagen in den Seen und Flüssen genügend Möglichkeiten.

ANGELN

Es gibt im ganzen Land spezielle
Fischweiher, in denen das Angeln
nach Entrichten einer entsprechenden Gebühr möglich ist. Für die
Grenz- und Binnengewässer beste-
hen jedoch strenge Auflagen.

BADEN

Ganz im Norden liegen bei **Weis-
wampach** kleine Badeseen, außer-
dem bietet sich die **Obersauer-
Talsperre** bei Esch-sur-Sûre an. In
Remerschen an der Mosel gibt es
ein Erholungsgebiet mit mehreren
Baggerseen, die zum Schwimmen,
Segeln und Surfen einladen.

FLUGSPORT

In **Junglinster** können Urlauber
mit einem Ballon in die Lüfte stei-
gen. Zudem werden Rundflüge im
Motorflugzeug angeboten.
www.m-m-ballooning.lu,
www.aerosport.lu

GOLF

Der kleine Ball kann auf sechs verschiedenen Greenfees im Lande in
die markierten Löcher jongliert werden. Auf vielen Plätzen sind Mitglieder fremder Clubs willkommen, beispielsweise im Golfclub Christnach
(www.fitness-for-life-wellness.lu).

KAJAK

Leichte bis geringe Schwierigkeiten
erwarten den Kajakfan. Die Fahrten
sind allerdings nur auf bestimmten
Flüssen erlaubt.
Informationen bei:
**Fédération Luxembourgeoise
de Canoë Kayak (F.L.C.K.)**
▶ Klappe hinten, östl. f 3
Luxembourg, 6, rue de Pulvermuhl •
Tel. 75 03 79

KLETTERN

Selbst Sportklettern ist möglich,
wenn auch auf die Sandsteinfelsen
der Region Müllerthal in **Berdorf**
beschränkt. Die Schwierigkeitsstu-
fen der gut abgesicherten Touren
werden nach französischer Skala be-
wertet und reichen von 3 bis 8 b.
www.flera.lu

MOTORBOOT UND WASSERSKI

Für diese Wassersportarten kommt
der 40 km lange Abschnitt der Mosel
in Betracht (Achtung Berufsschiff-
fahrt!) und die Sauer bei Rosport.
Wasserski- oder Jetskifahren macht
hier enorm viel Spaß; allerdings
müssen die entsprechenden Sicher-
heitsmaßnahmen beachtet werden.
www.flv.lu, www.wasserski.lu

MOUNTAINBIKING

Die üppige Vegetation, dichte Wälder und tiefe Täler eignen sich ge-
radezu ideal für die Touren, die
zwischen 10 und 40 km lang sind
(▶ Touren und Ausflüge, S. 94). Von
familienfreundlich bis extrem ist
jeder Schwierigkeitsgrad vertreten.
Für Kinder gibt es sogar eigene Routen. In der Region Müllerthal – Kleine Luxemburger Schweiz sind vier
spezielle Moutainbikerouten ausgeschildert (www.mullerthal.lu).

NATURPARKS

Mit dem **Naturpark Öewersauer** wurde 1995 der erste eigenständige Naturpark des Landes geschaffen. Er umfasst die Ardennenregion um den Obersauer Stausee.

Der Naturpark Our grenzt im Osten an und reicht von Clervaux im Norden bis Vianden im Süden. www.naturpark-our.lu, www.naturpark-sure.lu

RADFAHREN

Das Netz der Radwanderwege wird zurzeit auf rund 900 km ausgebaut. Mit Steigungen wird im Norden, den Ausläufern der Ardennen und im Osten, in der Region Müllerthal, allerdings nicht gespart. In verschiedenen Landesteilen gibt es sogar Radwege auf ehemaligen Bahntrassen mit Tunnelanlagen.

Eine kostenlose Broschüre »Radwanderwege« gibt es beim O.N.T. (▸ Auskunft, S. 111).

REITEN

Reitschulen findet man im ganzen Land. Mancherorts werden Pferde verliehen. Information:
Fédération Luxembourgeoise des Sports Equestres
▸ Klappe hinten, c 5
Luxembourg, 14, av. de la Gare • www.hippoline.lu

WANDERN

Luxemburg hat das dichteste Wegenetz in ganz Europa zu bieten. Die attraktivsten Wandergebiete liegen im Norden und Osten des Landes: die Mittelgebirgslandschaften der Ardennenausläufer mit dem Obersauer Naturpark un die Region Müllerthal – Kleine Luxemburger Schweiz. Für diejenigen Urlauber,

die abends auf ein gepflegtes Dinner und ein bequemes Bett nicht verzichten wollen, haben sich einige Hoteliers im Gebiet Obersauer zusammengeschlossen und verschiedene Routen ausgearbeitet.

Einen Gepäcktransport von Hotel zu Hotel gibt es als Sonderservice:
Hotelvereinigung Obersauer
Ettelbruck • Tel. 99 00 20

Einen ähnlichen Service finden Wanderer auch in der Region Müllerthal – Kleine Luxemburger Schweiz: www.trailhotels.lu.

Natürlich wurden auch die Bahnreisenden nicht vergessen. Ausgangspunkt sind die Bahnhöfe. 40 Wanderwege sind in dem Buch »Bahn und Wandern Luxemburg« beschrieben (deutsch, englisch, französisch).

Mullerthal Trail nennt sich der 110 km Wanderweg, der in drei Schlaufen die gesamte Region Müllerthal – Kleine Luxemburger Schweiz erschließt. Der Qualitätswanderweg besteht aus drei Routen (33, 37 und 40 km), die auf naturnahen Wegen über die aussichtsreichen Hochflächen, die zauberhaften Wälder, entlang der moosigen Bachtäler und durch die bizarren Felsenwelten führen. Die Route ist mit einem Roten »M« auf weißem Grund markiert. In der Broschüre »Mullerthal Trail Luxemburg« stellen sich die 19 Gastgeber entlang der Route mit eigenen Touren-Tipps vor. www.mullerthal-trail.lu.

Wer auf die Wanderschuhe verzichten will und stattdessen barfuß läuft, liegt voll im Trend. In der Region Müllerthal ist bei Medernach ein **Barfußwanderweg** entstanden (www.buerfousswee.lu).

Stadttheater Esch-sur-Alzette

Das Stadttheater Esch wurde 1962 offiziell eröffnet und hat mittlerweile eine grenzüberschreitende Bedeutung erlangt.

Mit dem Umzug der *Université du Luxembourg* nach Esch kommt nun eine weitere verlockende Herausforderung auf die Theaterschaffenden zu.

Es wird Sprechtheater in drei Sprachen angeboten (deutsch, französisch und luxemburgisch), aber auch klassischer und zeitgenössischer Tanz, Kammeropern und Konzerte.

Das Stadttheater Esch-sur-Alzette wurde nach einer umfangreichen Renovierung im Januar 2011 wiedereröffnet. Es ist mit modernster Bühnentechnik ausgestattet, hat 517 Plätze und bietet ab sofort auch einen direkten Zugang vom unterirdischen Parkhaus ins Theater.

THEATRE D'ESCH
LUXEMBOURG

Parkhaus:
Parking de la
Place de la Résistance
Rue Pasteur
L–4276 Esch-sur-Alzette

www.theatre.esch.lu

Blick in den neuen Bühnenraum

Familientipps Auf kleine Gäste warten abenteuerliche Burgen, Fahrten im Oldtimerzug oder in den Stollen einer Eisenerzgrube. Auch viele Museen sind kindgerecht aufbereitet.

◄ Für kleine und große Tierfreunde: Kutschfahrt im Museum des Ardenner Zugpferdes (► S. 31).

A Robbesscheier – lebendiges Landmuseum des Ardenner Zugpferdes ► S. 117, D 2

Ein lebendiger Bauernhof, auf dem man lernen kann, wie im Holzofen Brot gebacken wird oder wie man töpfert. Fahrten im Planwagen. Munshausen, 1, Frummeschgaass • www.robbesscheier.lu • tgl. 10–17 Uhr • Eintritt 4–6 € (je nach Animationsprogramm)

Grubenmuseum (Musée National des Mines) 2 ► S. 119, E 8

In Rumelange (► S. 91) werden Besucher mit Schutzhelmen ausgerüstet, um dann mit der ehemaligen Grubenbahn in den dunklen Stollen einzufahren, in dem lange Zeit Eisenerz abgebaut wurde. Wegen der vielen Geräte und spannenden Geschichten der einstigen Bergarbeiter fesselnd bis zur letzten Minute. Rumelange • www.mnm.lu • April–Sept. Do–So 14–18, Juli und Aug. Di–So 14–18 Uhr • Eintritt 8,50 €, Kinder 5 €

Märchenpark (Parc Merveilleux) ► S. 120, B 12

Ein kinderwagenfreundlicher Weg führt an den verschiedenen Märchenhäusern vorbei, in denen die Hauptdarsteller Schneewittchen oder Rotkäppchen heißen. Die dazugehörige Geschichte ertönt aus den Lautsprechern – auch auf Deutsch. Der Park ist in einem Buchenhain angelegt, in dem auch Ziegen, Damwild und andere Tiere zu sehen sind. Bettembourg, Route de Mondorf (am Ortsrand) • www.parc-merveilleux.lu •

April–Okt. tgl. 9.30–18 Uhr • Eintritt 7 €, Kinder 4 €

Museum Tudor ► S. 121, F 9

In dem interaktiven Museum für Elektrizität können Kinder spannende Experimente durchführen. Rosport, 9, rue Henri Tudor, www.musee-tudor.lu • Mi–So 14–18, Juli–Aug. Mo–So 14–18 Uhr • Eintritt 4 €, Kinder frei

Spielzeugmuseum ► S. 117, D 2

Spielzeug der verschiedenen Jahrzehnte, darunter Blechspielsachen, Puppen und Schaukelpferde. Clervaux, 9, Grand-Rue • Ostern–Dez. 10–12 und 14–18 Uhr, sonst nur am Wochenende, Di geschl. • Eintritt 3 €, Kinder 2 €

Train 1900 10
► S. 90

 Weitere Familientipps sind durch dieses Symbol gekennzeichnet.

MERIAN-Tipp 3

SCHMETTERLINGSGARTEN (JARDIN DES PAPILLONS) ► S. 121, E/F 10

Durch das schwülwarme Glashaus schwirren bunte Schmetterlinge, so groß wie zwei Kinderhände. Mit Wasserläufen und üppigen tropischen Pflanzen gibt es auf Schritt und Tritt etwas zu bestaunen. Grevenmacher, Route de Trèves • www.schmetterling.lu • April–Mitte Okt. 9.30–17 Uhr • Eintritt 6 €, Kinder 3 €, gratis mit der Luxemburg-Card

Wer die Luxemburger Weinstraße bereist,
sollte ein wenig Zeit mitbringen, um durch
die malerischen Gassen des Winzerörtchens
Wormeldange (▶ S. 80) zu schlendern.

Unterwegs
in Luxemburg

Vielfalt zeigt sich in der prächtigen Ardennenlandschaft
und in der Hauptstadt mit ihrer tausendjährigen Geschichte.
Spitzenköche sind zahlreich, das Kulturangebot ist groß.

Luxemburg-Stadt

Neben ihrer herrlichen Lage besticht die quirlige Hauptstadt des Großherzogtums durch eine kontrastreiche Architektur und ein breites Kunst- und Kulturangebot.

◄ Das MUDAM (► S. 40) auf den Grund-
mauern der alten Festung entwarf der
chinesische Architekt Ieoh Ming Pei.

Ihr Ruf als Bankenmetropole eilt
ihr voraus, und im Zusammenhang
mit Europa und der europäischen
Idee spielt Luxemburg eine wichtige
Rolle. Mit der neuen Philharmonie hat sie auch ihr Image als Kultur-
stadt aufpoliert. Luxemburg hat sich
in letzter Zeit weit über den historischen Kern »Lützelburg« (kleine
Burg) ausgebreitet. Auch wenn der
Großraum »nur« 138 000 Einwohner zählt, boomt es zur Rushhour
in der Hauptstadt. Die City schwillt
dann auf das Doppelte an. Mehr als
die Hälfte sind Pendler aus Belgien
und Frankreich. Darüber hinaus
bringen Busse Touristen aus aller
Welt in die Stadt. Die **Kasematten**
🔺, die Überreste der Festungsan-
lage, und das historische Zentrum
stehen auf der UNESCO-Liste des
Weltkulturerbes.

Luxemburg-Stadt

► S. 120, C 11

92 000 Einwohner
Stadtplan ► Klappe hinten

Die erste Begegnung mit der City beginnt für die meisten Besucher auf
dem größten Platz, der Place d'Armes, die im Sommer zum Open-Air-
Restaurant wird. Nicht weit entfernt
befindet sich das Palais des Großherzogs, nur ein paar Schritte sind es
zur Altstadt mit ihren verwinkelten
Gassen, und schon bald steht man
vor den Kasematten mit ihren dunklen Gängen in dem Bockfelsen. Die
Unterstadt (Grund und Clausen),
einst ein Arbeiterviertel, steht heute
bei den Luxemburgern hoch im
Kurs. Der Umbau des Neumünsters

zum Kulturzentrum zieht Bewohner und Urlauber gleichermaßen an.
Im Kontrast zur Festungsstadt steht
oberhalb das Kirchberg-Plateau, wo
sich moderne Kunst und einzigartige Architektur vereinen. Von Weitem leuchtet die Philharmonie wie
ein neues Wahrzeichen.
Auf engstem Raum lassen sich in
Luxemburg bequem 1000 Jahre Geschichte entdecken. Angefangen hat
es im Jahr 963 mit Siegfrieds Flucht-
burg auf dem Bockfelsen, der durch
die unterirdischen Gänge – die Kasematten – Berühmtheit erlangte. Die
ersten Häuser entstanden gegenüber
auf dem Felsplateau um den heutigen Fischmarkt.
Lange Zeit verband nur eine Brücke die Burg mit der Oberstadt. Was
schätzen Sie, wie viele Brücken das
Stadtgebiet mit seinen Flusstälern
heute zählt? 50, 60, 70 …? Weit
gefehlt! Es sind mehr als 110, und
1994 kamen mit dem Bau der Ost-
umgehung weitere Brücken hinzu.

Banken, Kunst und Europazentrum

Die ausgezeichneten Bedingungen
zur Geldanlage brachten dem Länd-
chen den weltweiten Ruf als Finanz-
oase ein. So schossen in den letzten
Jahren die gläsernen Bankpaläste

wie Pilze am Rande der Altstadt aus dem Boden. Der Boulevard Royal wird im Volksmund bereits als »Wall Street« bezeichnet. Damit nicht genug, auf dem Kirchberg-Plateau entstehen neben dem Europazentrum neue hypermoderne Bauten, die zur neuen Attraktion der Stadt geworden sind. Hier ist es nicht nur die Architektur, die den Besucher fasziniert, sondern auch die moderne Kunst, die mit den Gebäuden verbunden ist. Zu den Highlights gehören die **Philharmonie** 4 und das Museum für moderne Kunst, kurz **MUDAM** 7 genannt, entworfen vom renommierten chinesischen Architekten Ieoh Ming Pei.

SEHENSWERTES

Abtei Neumünster (Abbaye de Neumünster) ▸ Klappe hinten, d 2

Das Schmuckstück der Unterstadt Grund: die ehemalige Abtei der Benediktiner, Militär- und Männergefängnis, heute modernes und lebendiges Kulturzentrum der Stadt. Hier finden Ausstellungen, Jazz-Matineen und andere Veranstaltungen statt. Ein idealer Rahmen für Freilichtkonzerte. Von der Restaurantterrasse bietet sich ein schöner Blick auf die Oberstadt und den mächtigen Bockfelsen, der zum UNESCO-Welterbe gehört.
Centre Culturel de Recontre Abbaye de Neumünster • 28, rue Münster (Unterstadt Grund) • www.ccrn.lu

Europaviertel (Kirchberg) ▸ S. 36/37

In den 1960er-Jahren entstand auf dem Plateau de Kirchberg (Kiirchbierg) neben Brüssel und Straßburg die dritte Kapitale der Europäischen Gemeinschaft. Inzwischen haben sich in Luxemburg mehrere europäische Institutionen niedergelassen. Dass die Architekten bei der Umsetzung weitgehend freie Hand hatten, wird schnell deutlich: Das weiße **Europahochhaus** schießt 82 m aus dem Grün des Kirchbergs empor. In futuristischer Architektur entstanden nebenan das **Konferenzgebäude** und die **Philharmonie** gleich neben dem Europaplatz.
Gewaltige Ausmaße hat das dunkel verglaste Kommissionsgebäude der EU, das **Jean-Monnet-Gebäude**. Internationale Banken haben hier eine neue »Spielwiese« gefunden.
Mit der konsequenten Begrünung des Kirchberg-Plateaus wurde das Münchner Architekturbüro Latz & Partner beauftragt.

Großherzogliches Palais ▸ Klappe hinten, c 2

Die offizielle Residenz der großherzoglichen Familie befindet sich am Rande der Fußgängerzone. Urlauber aus aller Welt drängen sich am Eingang, um von den jungen Wachsoldaten einige gute Erinnerungsfotos zu schießen. Der Palast wurde im Baustil der Renaissance (16. Jh.) errichtet und im Barock erweitert. Bis 1815 wurde das Gebäude als Rathaus genutzt. Die Besichtigung des Palais ist von Mitte Juli bis Ende August möglich.
www.lcto.lu • Infos/Tickets beim Touristenbüro

Kasematten 3 ▸ Klappe hinten, b 2/d 2

Die Österreicher hatten die Kasematten im 18. Jh. perfekt mit Werkstätten und Versorgungsräumen angelegt. 1867 musste die Festung geräumt und anschließend geschleift

Blick auf die Großherzog-Adolph-Brücke mit Liebfrauenkathedrale (▶ S. 38) und Statue der Goldenen Frau im Hintergrund.

werden, da Luxemburg für neutral erklärt worden war. Weite Teile der unterirdischen Gänge sind heute zugänglich. Am imposantesten sind die **Bockkasematten** unterhalb der ehemaligen Burg.
www.lcto.lu • März–Okt. tgl. 10–17 Uhr • Zugang zu den Petrusskasematten an der Place de la Constitution • Ostern, Pfingsten und Juli–Sept. tgl. 11–16 Uhr

Kunst und moderne Architektur

Hochkarätige Künstler wurden in der Bankmetropole mit der »Kunst am Bau« beauftragt. Ihre Werke sind über die ganze Stadt verteilt. Beispielsweise das »chaotische« Kunstwerk aus viel Schrott vor der Hypobank auf dem Kirchberg-Plateau, Rue Alphonse Weicker, war vom Architekten Richard Meier ausdrücklich gewünscht. Er wollte bewusst seine streng geometrische Architektur mit Frank Stellas undisziplinierter Kunst konfrontieren: **Sarreguemines** ist eine Huldigung der Luxemburger Stahlkocher.
Delphi Heliotroph, ein dreibeiniger Riese, der Ähnlichkeit mit einem Saurier hat, ziert seit 1993 die kuppelüberdachte Halle der Deutschen Bank in der Rue Jean Monnet. Diese Anspielung des Künstlers A.R. Penck auf die Pythia, die Prophetin des delphischen Orakels, wiegt 4,5 t.
Bronze in schönen Rundungen (**l'Africaine**, entworfen von Lucien Wercollier) ziert das futuristische Hotel Sofitel. Auf dem Kirchberg wird fleißig weitergebaut. Man darf deshalb gespannt sein, welche Kunstwerke demnächst hier entstehen. Hinweise gibt die Broschüre »Architektur und Kunst im öffentlichen Raum – Kirchberg«, erhältlich im Luxembourg City Tourist Office (▶ S. 111).
www.lcto.lu

Liebfrauenfriedhof

▸ Klappe hinten, nordwestl. a 2

Hier finden sich die Gräber bedeutender Persönlichkeiten aus Politik und Kultur. Unter ihnen der Hauptmann von Köpenick, alias Wilhelm Voigt, der 1922 in Luxemburg starb und hier beigesetzt wurde. Seinen Grabstein ziert eine Pickelhaube.
Allée des Résistants et Déportés

Liebfrauenkathedrale

▸ Klappe hinten, c 3

Die Hallenkirche wurde 1613 von den Jesuitenbrüdern des angrenzenden Kollegs, der heutigen Nationalbibliothek, erbaut. Der Haupteingang (Rue Notre-Dame) ist im Stil der Renaissance ausgeschmückt. Muttergottes Statue aus dem 17. Jh. Im Westeingang informieren Schautafeln über die Kirchengeschichte und die Teilung des Landes seit 1659 bis zum heutigen Territorium des Großherzogtums. Eine Treppe führt direkt neben dem Eingang in die Krypta. Der Sarkophag Johanns des Blinden – Graf von Luxemburg und König von Böhmen –, dessen Gebeine bis 1946 im Kastell in der Nähe von Saarburg weilten, fand hier einen würdigen Platz.
Rue Notre-Dame • Mo–Sa 10–12, 14–17.30, So 14–17.30 Uhr

Parc Tony Neumann

▸ Klappe hinten, westl. a 2

Benannt nach dem Direktor des Stahlkonzerns und Hobbybotaniker, der außergewöhnliche Bäume anpflanzte, die er von seinen Reisen mitbrachte.
Avenue de la Faïencerie (Limpertsberg)

Petrusstal ▸ Klappe hinten, b 3–d 4

Wer dem Treiben der Stadt entfliehen will, schlägt bei der Statue der Goldenen Frau den Weg in die Parkanlage der Petruss ein. Von hier ist es möglich, durch die pittoresken

❶ Europäische Investitionsbank ❷ Europäischer Gerichtshof ❸ MUDAM ❹ Europäisches Parlament/Nationalbibliothek (Robert-Schuman-Haus) ❺ Place de l'Europe mit Philharmonie ❻ Kongresszentrum ❼ Europäischer Rechnungshof ❽ Sport- und Kulturzentrum Coque ❾ Deutsche Bank ❿ Hypobank (Richard Meier) ⓫ »La grande fleur qui marche« von Fernand Léger ⓬ Centre Auchan (Einkaufszentrum) ⓭ »Exchange« von Richard Serra

▇ Projekte im Entwurf

Boulevard Konrad Adenauer

Kirchberg

Pont G.-D. Charlotte

Quartier Européen Nord

Quartier du Parc

Weimershof

Quartier Européen Sud

Stadtteile Grund und Clausen mit dem Aufzug wieder in die Oberstadt zu gelangen.

Philharmonie ▲4
▸ Klappe hinten, nördl. e 1

Das Konzerthaus – Stolz und neues Aushängeschild der Stadt – wurde nach Entwürfen des Architekten und Pritzker-Preisträgers Christian de Portzamparc gestaltet. Für die ausgefeilte Akustik ist Albert Yaying Xu, einer der weltweit führenden Experten, verantwortlich. Am 26. Juni 2005 wurde das Luxemburger Juwel eröffnet. Das moderne einladende Gebäude mit seiner weißen Säulenfassade auf dem Kirchberg-Plateau ist schon von Weitem zu sehen. Dank der exzellenten Akustik bietet sich Luxemburg die Chance, sich als einer der wichtigsten Konzertorte zu profilieren.
1, pl. de l'Europe •
www.philharmonie.lu

Place d'Armes und Stadtpalais Cercle ▸ Klappe hinten, b/c 2

Auf dem größten Platz mit seinen Schatten spendenden Bäumen und den vielen Bänken schlägt das Herz der City. Die zahlreichen Restaurants sind immer gut besucht. Das auffallende Verwaltungsgebäude Cercle Municipal diente von 1953 bis 1969 als Tagungsort der Europäischen Gemeinschaft für Kohle und Stahl.

Place Guillaume II
▸ Klappe hinten, b/c 2

Es ist einer der beiden Hauptplätze in der City und von vielen Straßencafés, Geschäften und Restaurants gesäumt. Die landläufige Bezeichnung für diesen Platz lautet »Knuedler«, abgeleitet von den Kuttenknoten der Franziskaner, die hier ihr Kloster hatten. Nach dem Reiterstandbild Guillaume II, König der Niederlande und Großherzog Luxemburgs (19. Jh.), erhielt der Platz seinen neuen Namen. Flankiert wird er vom neoklassischen **Rathaus** (1838 eingeweiht).

Soldatenfriedhof
▸ Klappe hinten, östl. e 3

In **Sandweiler** ruhen 10 913 gefallene deutsche Soldaten des Zweiten Weltkriegs. Auf dem Friedhof in **Clausen** liegen 196 deutsche Soldaten aus dem Ersten Weltkrieg. 1,5 km entfernt, im Wald von **Hamm**, befinden sich 5100 Gräber von US-Soldaten, die größtenteils bei der Ardennenoffensive 1944/45 ums Leben kamen.

MUSEEN

Informationen zu allen Museen gibt es unter www.statermuseeen.lu.

Galerie für zeitgenössische Kunst »Am Tunnel« *5*

▶ Klappe hinten, b 4

Die markanten Rundtürme beiderseits der Avenue de la Liberté gehören einer Bank, die auch etwas für Kunst übrig hat. So wurde 18 m unter der Erde der Verbindungstunnel zur Galerie für zeitgenössische Kunst. Neben wechselnden Ausstellungen können hier permanent die Fotos von Edward Steichen besichtigt werden.

16, rue Zithe • Mo–Fr 11–17.30, So 14–18 Uhr, Führung: So 15 Uhr • Eintritt frei

Geschichtsmuseum der Stadt Luxemburg (Musée d'Histoire de la Ville de Luxembourg) *6*

▶ Klappe hinten, c 3

Nach neuem museologischen Konzept werden tausend Jahre Stadtgeschichte sehr spannend und anschaulich präsentiert. Auf drei Etagen des historischen Gebäudekomplexes (Ursprünge aus dem 15. Jh.) entdecken Sie, wie sich Luxemburg von der kleinen Lützelburg bis zur Hauptstadt entwickelte. In der dritten Etage (oberer Eingang) können Sie die gewonnenen Eindrücke in der Cafeteria wirken lassen. Der Besucher kann seinen eigenen Interessen nachgehen und wird trotzdem gut informiert. Als Hilfsmittel wurde ein interaktives Multimedia-System entwickelt, mit dem eine persönliche »Beratung« möglich ist. Sie können aber auch auf klassische Weise durch das Museum streifen und die Hinweistafeln lesen. Probieren Sie doch mal die »interaktiven« Sessel aus! Übrigens wurde für Kinder ein spezieller Bereich eingerichtet und im Computer Vor-

schläge für die ganze Familie berücksichtigt.

Zugang von der Corniche und Rue du St-Esprit • www.mhvl.lu • Di–So 10–18, Do bis 20 Uhr

MUDAM *7*

▶ Klappe hinten, nördl. e 1

Hinter der Abkürzung für Musée d'Art Moderne Grand-Duc Jean verbirgt sich seit der Eröffnung im Juli 2006 ein moderner Museumskomplex. Der chinesische Architekt Ieoh Ming Pei hat mit dem Standort auf dem historischen Fort Thüngen (Dräi Eechelen oder Drei Eicheln) ein interessantes Spannungsfeld geschaffen. Der Anspruch der Organisatoren ist es, dem Besucher ein lebendiges Museum zu präsentieren. Der gesamte Innenraum (mehr als 6000 qm) kann von den Künstlern frei gestaltet werden.

3, Park Dräi Eechelen • www. mudam.lu • tgl. außer Di 11–18, Mi, Fr bis 20 Uhr • Eintritt 5 €

Nationalmuseum für Geschichte und Kunst

▶ Klappe hinten, c 2

Wertvolle Ausgrabungsfunde werden in dem neu gestalteten Museum sehr anschaulich präsentiert. Unter anderem beherbergt es eines der besterhaltenen und schönsten Mosaikfußböden aus der Römerzeit (2. Jh. n. Chr.). Darüber hinaus befinden sich hier die Kunstsammlung sowie Münzen, Waffen und Gegenstände aus der ehemaligen Festung Luxemburg. In den dazugehörigen Patrizierhäusern wird Kunsthandwerk und typische Volkskunst ausgestellt.

Marché-aux-Poissons • www. mnha.lu • Di–So 10–18 Uhr • Eintritt 5 €, Kinder 3 €

Nationalmuseum für Naturgeschichte (Natur Musée) 👫👫

▸ Klappe hinten, d 3

Das Gebäude des ehemaligen Hospiz St. Jean, das zur Abtei Altmünster gehörte, wurde 1995 nach den neuesten museografischen Kenntnissen umgebaut. Mit Film und Video, Experimenten und Spielen werden den Besuchern naturgeschichtliche Phänomene spannend nähergebracht.

25, rue Münster • www.mnhn.lu • Di–So 10–18 Uhr • Eintritt 4,50 €, Kinder 3 €

Villa Vauban ▸ Klappe hinten, a 2

Die Villa Vauban ist das neue Kunstmuseum der Stadt Luxemburg, das die verschiedenen Facetten seiner Sammlungen alter Kunst im Rahmen unterschiedlicher Sonderausstellungen präsentiert. Ein abwechslungsreiches Programm lädt den Besucher dazu ein, sich mit den Werken auseinanderzusetzen. Die einzigartige Lage der Villa inmitten eines Landschaftsparks ermöglicht es den Besuchern, Kunst in einem ruhigen und erholsamen Ambiente in der Stadtmitte zu genießen.

18, av. Emile Reuter • www.villa vauban.lu • tgl. außer Di 10–18, Fr bis 21 Uhr • Eintritt 5 €

SPAZIERGANG

Stadtplan ▸ Klappe hinten

Der kurze Rundgang vom Kern der Hauptstadt bis ins Geschäftszentrum beim Bahnhof beginnt auf der **Place d'Armes** (auf Luxemburgisch kurz »Plëss« genannt), dem Treffpunkt schlechthin.

Ursprünglich war es der Paradeplatz (daher der Name), dessen Vorbild sich in Brüssel befindet. Von hier geht es die Rue Chimay hinunter. Am Ende trifft man unweigerlich auf die Aussichtsterrasse der Place de la Constitution mit der **Statue der Goldenen Frau**.

Das Stadtviertel »Gare« auf der anderen Seite des Petrustals wurde zu Beginn des letzten Jahrhunderts gebaut (Rückweg). Vom Platz aus nach links gewandt, sehen Sie schon die **Liebfrauenkathedrale**, die Sie durch das Südportal betreten. Dem Hauptausgang gegenüber steigt eine Treppe hoch zur Place Guillaume II. Am Ende leuchtet das prächtige **Großherzogliche Palais** hindurch. Der Weg führt rechts um das Gebäude herum und zweigt von der Rue de l'Eau rechts die superschmale Rue de la Loge in die **Altstadt** ab. Gleich hinter der schmalen Passage befindet sich das Erkerhaus mit dem bekannten Wahlspruch der Luxemburger: »Mir wölle bleiwe wat mir sin«. Hier kommt der Weg vom Grund herauf, der jahrhundertelang der einzige Zugang in die Oberstadt war. Der **Fischmarkt** (Marché aux Poissons), auf dem seit Gründung der Stadt Markt gehalten wurde, wird vom **Nationalmuseum für Geschichte und Kunst** begrenzt. Vorbei an der St. Michaelskirche betreten Sie nach der Brücke den **Bockfelsen**, den Ursprung der Stadt. Auf dem einzeln stehenden Felsen ließ Graf Siegfried 963 in sicherer Lage die erste Burg errichten, von der noch Mauerreste zu sehen sind. Der Fels ist von **Kasematten** durchzogen, die im 17./18. Jh. angelegt wurden. Vom Plateau bietet sich ein großartiges Panorama über die Unterstadt, die von der Wenzelsmauer geschützt wurde (14. Jh., inzwischen restauriert). Auf dem gegenüberliegenden Rhamplateau errichtete Festungsmeister Vauban 1685 die Kavallerie-Kasernen.

Von den **Kasematten** geht es wieder zurück über die Brücke. Beim **Goethe-Gedenkstein** überqueren Sie die Straße und biegen dann links zum Fußgängerweg **Corniche** ab. Maria Theresia ließ die Verteidigungsmauer so weit erhöhen, dass die Fenster der angrenzenden Häuser jetzt im Unterstock verschwinden. Wenn Sie neugierig auf die bewegte Vergangenheit der Stadt geworden sind, nutzen Sie auf halber Strecke den Schlenker durchs **Geschichtsmuseum der Stadt Luxemburg**. Das Restaurant bietet die schönste Aussicht auf die Stadt. Vorne an der Hauptstraße brennt das ewige Feuer des **Monument de la Solidarité Nationale**, dem Erinnerungsdenkmal an die Gefallenen des Zweiten Weltkriegs. Innen fühlt man sich wie in einer Kaserne. An dieser Stelle können Sie den Rundgang abkürzen und über den Boulevard Roosevelt zur Place de la Constitution zurückgehen. Der Schlenker von gut 15 bis 30 Min. über die **Passerellebrücke** mit Blick ins Petrusstal führt durch das Geschäftsviertel beim Bahnhof. Zurück geht es über die **Avenue de la Liberté**. Hier stehen Prachtbauten aus dem Anfang des letzten Jahrhunderts, beispielsweise die Residenz der Stahlwerke »ARBED« (heute MITTAL) und die **Staatssparkasse** mit dem markanten Turm an der Place de Metz. Wie sich das Bankenwesen entwickelt hat, dokumentiert das **Bankmuseum**. Im Verbindungstunnel zwischen den beiden Gebäuden der Bank (▶ S. 40) wird moderne Kunst gezeigt. Von der **Großherzog-**

Adolph-Brücke bietet sich der wohl beste Blick auf die Stadt. An der Busstation und am historischen Postgebäude vorbei führt die Fußgängerstraße (Avenue Monterey) wieder zur Place d'Armes zurück.
Dauer: 1–1,5 Std.

ÜBERNACHTEN

Albert 1er
▶ Klappe hinten, westl. a 3

Designerhotel • Klein und luxuriös, im Herzen der Stadt. Zimmer mit Charme.
2a, rue Albert 1er • Tel. 4 42 44 21 • www.albert1er.lu • 14 Zimmer • €€€€

Hôtel le Place d'Armes
▶ Klappe hinten, b 2

Boutiquehotel • Das exklusive Fünf-Sterne-Hotel befindet sich im Herzen der Stadt.
Place d'Armes • Tel. 27 47 37 • www.hotel-leplacedarmes.com • 28 Zimmer und Suiten • €€€€

Sofitel Le Grand Ducal
▶ Klappe hinten, d 4

Futuristisch • Designerhotel im Herzen der Stadt. Dazu kommt ein toller Blick über die Stadt bei einem Cocktail und guter Musik in der Panoramabar. Ein idealer Ort für Stadtschwärmer mit Fünf-Sterne-Ansprüchen.
40, bd. d'Avranches • Tel. 24 87 71 • www.sofitel.com • 128 Zimmer • €€€€

City Hotel
▶ Klappe hinten, c 6

Gediegenes Vier-Sterne-Hotel • Ein Zimmer ist origineller eingerichtet als das andere.
1, rue de Strasbourg • Tel. 29 11 22 • www.cityhotel.lu • 35 Zimmer • €€€

Parc Beaux-Arts
▶ Klappe hinten, c 2

Gehört zu den besten • Sehr zentral gelegen, moderne Ausstattung.
1, rue Sigefroi • Tel. 4 42 32 31 • www.goeres-group.com • 10 Zimmer • €€€

Hotel Vauban
▶ Klappe hinten, c 2

Zentral und ruhig • Drei-Sterne-Komfort mit Blick auf die Place Guillaume II.
10, pl. Guillaume • Tel. 22 04 93 • www.hotelvauban.lu • 17 Zimmer • €€

Sieweburen
▶ Klappe hinten, nordwestl. a 2

Im Landhausstil • Das kleine Hotel überrascht durch seine Lage am grünen Stadtrand und durch sein gutes Speiseangebot. Luxemburger fahren hier gerne zum Essen hin.
36, rue des Septfontaines • Tel. 44 23 56 • E-Mail: siewebur@pl.lu • 14 Zimmer • €€

Victor Hugo
▶ Klappe hinten, nördl. b 1

Rechtzeitig buchen • Das kleine Hotel ist wegen seines guten Preis-Leistungs-Verhältnisses sehr beliebt. Moderne Zimmerausstattung.
2, av. Victor Hugo • Tel. 2 62 73 80 • www.victorhugo.lu • 21 Zimmer • €€

ESSEN UND TRINKEN

Clairefontaine ▶ Klappe hinten, c 3

Spitzenklasse • Politiker, Diplomaten, Prominente und die finanzielle Elite sind Stammkunden des mit einem Michelinstern ausgezeichneten Restaurants.
9, pl. de Clairefontaine • Tel. 46 22 11 • www.resto.lu/claire fontaine • Sa, So geschl. • €€€€

MERIAN-Tipp 4

CHIGGERI ▶ Klappe hinten, c 2

Ein Restaurant der vielen Facetten: Das ist nicht nur bei den unterschiedlichen Räumlichkeiten so, sondern auch bei der Auswahl der Weine. Mit über 2200 Sorten ist die Weinkarte eine der längsten der Welt. Essen und Trinken wird im Chiggeri zum Erlebnis für alle Sinne. Versuchen Sie es einmal im Dunkeln – ja, auch das ist zu bestimmten Zeiten möglich. Seit 2009 sorgt der Franzose Frederic Pesenti für frischen Wind in der verwinkelten Küche und den Jahreszeiten entsprechende Gerichte auf dem Teller.
Luxemburg-Stadt, 15, rue du Nord • Tel. 22 81 35 • www.chiggeri.lu • tgl. • €€–€

Mosconi ▶ Klappe hinten, d 3

Für Feinschmecker • Einer der wenigen Italiener, die vom Schlemmerführer Michelin gleich mit zwei Sternen dekoriert wurden.
13, rue Münster • Tel. 54 69 94 • www.mosconi.lu • So, Mo geschl. • €€€€

Breedewee ▶ Klappe hinten, c 2

In Toplage • Von der Terrasse aus bietet sich ein schöner Blick auf die Unterstadt.
9, rue Large • Tel. 22 26 96 • www.breedewee.lu • €€€

Mansfeld
▶ Klappe hinten, nordöstl. e 2

Luxemburgische Küche • Das gemütliche Restaurant ist in einer alten Brauerei untergebracht.

3, rue de la Tour Jacob (Unterstadt Clausen) • Tel. 43 34 86 • Mo geschl. • €€€

Restaurant Apoteca
► Klappe hinten, c 2

Etwas ganz Besonderes • Das Haus, der Empfang, die innovative Küche. Wenn Sie Wein zum Essen wünschen, erhalten Sie einen Schlüssel und können selber in Ruhe aus den erlesenen Vorräten wählen. Gemütliche Bar im Keller.
12, rue de la Boucherie • Tel. 2 67 37 71 • www.apoteca.lu • So, Mo geschl. • €€€

Am Tiirmschen ► Klappe hinten, c 2

Urgemütlich • Dieses Restaurant zeichnet sich durch seine hervorragende französisch-luxemburgische Küche aus.
32, rue de l'Eau • Tel. 26 27 07 33 • www.amtiirmschen.lu • Sa, So geschl. • €€

Kamakura ► Klappe hinten, d 3

Japanisch • Das Ambiente ist ungewöhnlich, das Essen exquisit.
4, rue Münster • Tel. 47 06 04 • www.kamakura.lu • Sa–Mittag und So geschl. • €€

Mesa Verde ► Klappe hinten, c 2

Vegetarisch • Die Küche ist vorzüglich, die Portionen sind reichlich.
11, rue du St-Esprit • Tel. 46 41 26 • So und Mo geschl. • €€

Um Plateau ► Klappe hinten, e 2

Stilvolle Lounge • Nahe beim Bockfelsen gelegen, mit Garten. Hier sind die Salate und Gratins zu empfehlen.
6, plateau Altmünster • Tel. 46 23 37 • So und Mo nur abends • €€

EINKAUFEN
Bijouterie Kass ► Klappe hinten, b 2

Schmuckgeschäft, das einen Besuch lohnt.
Place d'Armes

Auf dem Fischmarkt in der Altstadt, heute ein beliebter Treffpunkt der Bürger, wurde seit der Gründung der Stadt Markt abgehalten.

Flohmarkt   ▶ Klappe hinten, b 2

Jeden zweiten und vierten Samstag im Monat findet auf der Place d'Armes ein Flohmarkt (»marché aux puces«) statt.

Galerie Orfeo
▶ Klappe hinten, b 1/2

Moderner, kreativer Schmuck.
28, rue des Capucins

Paris VIII   ▶ Klappe hinten, b 2

Der Name der Parfümerie sagt alles. Große Auswahl.
56, Grand-Rue

Schroeder   ▶ Klappe hinten, b 2

Dieser Juwelier bietet die größte Auswahl.
29, Grand-Rue

Villeroy & Boch
▶ MERIAN-Tipp S. 21

Weydert   ▶ Klappe hinten, b 2

In Sachen Damen- und Herrenmode gehört das Geschäft zur Spitze, vom Angebot, von der Qualität wie auch vom Preis.
82–84, Grand-Rue

AM ABEND
Café des Artistes
▶ Klappe hinten, c 3

Traditionelles Café und ein Treffpunkt der mittleren Generation.
Montée du Grund • Tel. 26 13 47 • Mo–So 22–1 Uhr

Cat Club   ▶ Klappe hinten, südl. b 6

Hypermodernes Szenerestaurant mit bunten Lichtern, Lounge-Restaurant im Erdgeschoss und thailändischer Küche im Obergeschoss.
18, rue de l'Aciérie • Tel. 40 08 15 69 • www.catclub.lu

MERIAN-Tipp 5

RIVES DE CLAUSEN
▶ Klappe hinten, e 2

Am Ufer der Alzette im Stadtteil Clausen liegt das neue Ausgehviertel par excellence von Luxemburg-Stadt. Der Komplex Rives de Clausen, auf dem früheren Gelände der Brauereien Mousel und Clausen, besteht aus verschiedenen Bars und Restaurants in den ehemaligen Brauereigebäuden sowie auf Terrassen im Hof und entlang des Flusses. Darunter auch trendige Szenebars für die junge Generation. Brasilianische Spezialitäten werden beispielsweise im Agua de Coco angeboten, und im King Wilma werden Drinks im prähistorischen Ambiente serviert.
Luxemburg-Stadt, 2, rue Emile Mousel • www.rivesdeclausen.com

Scott's Pub in the Grund
▶ Klappe hinten, d 3

Durch und durch englisch, von der Bedienung bis hin zum traditionellen Dartspiel. Schöne Terrasse.
4, Bisserweg • Tel. 22 64 75 • www.scotts.lu • tgl. 11–1 Uhr

Urban Bar   ▶ Klappe hinten, c 2

Sehr gefragt. Im Sommer steht man draußen bis auf den Bürgersteig.
2, rue de la Boucherie • Tel. 26 47 85 78 • www.urban.lu

SERVICE
AUSKUNFT
Bahnhof   ▶ Klappe hinten, c 6

Place de la Gare • Tel. 42 82 82 20 oder 48 11 99 • www.lcto.lu

Der Norden
Die Luxemburger Ardennen, eine herrliche Waldlandschaft mit Tälern und Wasserläufen, prägen den Norden. Aber auch prächtige Schlösser und Burgen offenbaren dem Besucher ihre Schönheit.

◄ Malerisch windet sich der Grenzfluss Our durch das Ardennenstädtchen Vianden (▶ S. 55).

Für große Städte und weite Felder
bleibt im Norden des Landes kein
Platz, so liegen die Orte **Vianden**,
Clervaux und **Esch-sur-Sûre** eingezwängt tief unten in Flusstälern,
ohne große Möglichkeit der Expan-
sion. Die Luxemburger bezeichnen
diesen Teil, in dem die Menschen
jahrzehntelang vom Schieferabbau
und Forstwirtschaft lebten und der
etwa 33% der Landesfläche aus-
macht, als **Ösling** (Éislek). Erst mit
der Erfindung des Düngers aus Tho-
masmehl, einem Abfallprodukt der
Stahlverarbeitung, wurde seit dem
19. Jh. die anstrengende Arbeit in
der Landwirtschaft rentabel.
Die Landschaft im Westen zur Grenze nach Belgien wurde durch den
Naturpark Obersauer unter Schutz
gestellt. Darin ist der 20 km lange
Stausee im Sommer die Attraktion.
Der Naturpark Our stellt seit 2005
den besonderen Charakter der
Ardennenlandschaft im Nordosten
des Landes unter Schutz. Der »Grüne Tourismus« und die Vermark-
tung regionaler Produkte werden in
der Region großgeschrieben. Aktiv-
urlauber kommen im Norden auf
ihre Kosten: Hier erschließen sich
ihnen Naturlehrpfade, Wanderwege,
Mountainbikestrecken und Kanu-
wanderflüsse. Die hügelige Landschaft »gipfelt« im Burgplatz, dem
mit 559 m höchsten Punkt des Landes (nahe dem Weiler Huldange).
Im Norden des Großherzogtums
konzentrieren sich die Burgen des
Landes, sei es tief unten im Tal auf
einem Felsen oder als Krone auf der
höchsten Erhebung. Einige wurden

mit großem Aufwand nach historischen Vorbildern wieder restauriert. So beispielsweise die **Hofburg
von Vianden**, die größte Burganlage »westlich des Rheins«, oder das
Château de Clervaux. Anderen Fes-
tungsanlagen ist deutlich anzusehen,
wie der Zahn der Zeit an ihnen nagt,
Mauerreste ragen als bizarre, fast
gespenstisch anmutende Gerippe in
die Höhe.
Zwei Nationalstraßen, eine Eisen-
bahnlinie und gute Busverbindun-
gen erschließen diesen Landesteil.
Auf den vielen kleinen, kurvenrei-
chen Nebenstraßen muss der Autofahrer allerdings genügend Zeit ein-
kalkulieren, wird dafür aber auch
mit dem Ausblick auf einsame Land-
schaften belohnt.
Von Ettelbruck und Diekirch an
ändert sich in Richtung Hauptstadt
das Landschaftsbild. Es wird hüge-
liger, die Orte raumgreifender, weite
Wiesen und Äcker prägen das Bild.
Wir befinden uns im **Gutland**, der
»Kornkammer« Luxemburgs. Geo-
logisch gesehen zählt dieses Gebiet
noch zum »Pariser Becken«, dessen
Gestein sich treppenförmig über-
einanderschichtet. Hier konnten
sich fruchtbare, ertragreiche Böden
bilden. Das Klima ist mild und ge-
mäßigt.

Clervaux   ▶ S. 117, D 2

1800 Einwohner

Überragt von der Benediktinerabtei St. Mauritius und St. Maurus liegt der Ort Clervaux (Klierf) idyllisch an der Flussschleife der Clerve, dominiert von der mittelalterlichen Burganlage, dem kulturellen Höhepunkt einer Reise durch die Luxemburger Ardennen.

Gleich bei der Zufahrt, von der N 7 kommend, zeigt sich die Kantonshauptstadt beim Aussichtspunkt Café Belle Vue von ihrer fotogensten Seite. Eingebettet in üppiges Grün leuchtet die Burganlage weit unten im Tal, fast puppenstubenartig muten die Häuser um die Fußgängerzone an. In den angrenzenden Wäldern, dem ehemaligen Wildpark der Schlossherren, und auf den Höhenzügen lassen sich sehr schöne Wanderungen unternehmen.

Die Geschichte der Stadt ist eng mit »den Herren von Clerf« verbunden, die neun Jahrhunderte lang in der Burg regierten. Clerf, wie der Ort zu Deutsch genannt wird, liegt an der Bahnstrecke Luxemburg–Liège (Lüttich).

SEHENSWERTES

Benediktinerabtei

1910/11 errichteten die Benediktinermönche auf der höchsten Erhebung die neoromanische Abtei. Der Turm, der weit über die Baumwipfel hinausragt, gleicht dem romanischen Glockenturm der Gründerabtei in Cluny (Frankreich). In der schlichten dreischiffigen Kirche finden sich die Mönche siebenmal am Tag zum Gebet ein. In der Krypta wurde eine Ausstellung zum Leben der Mönche eingerichtet. Kaffeerösterei und Souvenirverkauf.

Burg Clervaux

Seit der umfangreichen Restaurierung erstrahlt die Burg in neuem Glanz. Der weiße Verputz, der im ersten Augenblick ungewöhnlich erscheint, entspricht dem ursprünglichen Zustand. Hellebarden und Ritterrüstungen suchen Sie in der Burg vergebens, dafür gibt es Waffen des 20. Jh. aus der Ardennenoffensive und allen bedeutenden Burgen des Landes als Modelle zu sehen. In den Räumen hat seit 1994 die weltberühmte Fotoausstellung von Edward Steichen einen festen Platz erhalten.

WUSSTEN SIE, DASS …

… es in Luxemburg mehr Burgen auf so engem Raum gibt als in den benachbarten Ländern?

MUSEUM

Museum der Modelle

In mühseliger Kleinarbeit hat ein Slowene die 22 bedeutendsten Burgen des Landes inklusive der umliegenden Ortschaften nachgebildet. Im Maßstab 1 : 100 füllen die Modelle so manches Burgzimmer aus. In der Burg • Juni tgl. 13–17, Juli–Mitte Sept. 11–18, sonst So und feiertags 13–17 Uhr • Eintritt 2,50 €, Kinder 0,50 €

Spielzeugmuseum 👫

▶ Familientipps, S. 31

ÜBERNACHTEN

International

Hochpreisig • Bestes Hotel am Platz. Ruhig an der Fußgängerzone gelegen, bietet das Haus auch ein modernes Wellnesszentrum.

10, Grand-Rue • Tel. 92 93 91 • www.
interclervaux.lu • 52 Zimmer • €€€

Hotel du Commerce

Zentral gelegen • In diesem Hotel
können Sie auch etwas für Ihre
Gesundheit tun: Wellness, Hallen-
Schwimmbad mit Gegenstromanla-
ge, Sauna etc. Ruhige Gartenterrasse.
2, rue de Marnach • Tel. 92 10 32 •
www.hotelducommerce.lu • 53 Zimmer • €€

ESSEN UND TRINKEN
International

Modernes Ambiente • Die Küche ist
weit über die Grenzen von Clervaux
hinaus bekannt.
10, Grand-Rue • Tel. 92 93 91 • €€€

Cornelyshaff

▸ grüner reisen, S. 17

Manoir Kasselslay

Spitzenrestaurant • Hier wird Fein-
schmeckerküche serviert, die mit ei-
nem Michelinstern prämiert wurde.
Roder, 3 km östl. von Clervaux •
Tel. 95 84 71 • www.kasselslay.lu •
Mo, Di geschl. • €€€

SERVICE
AUSKUNFT
Verkehrsverein

Clervaux, Im Burghof • Tel. 92 00 72 •
www.tourisme-clervaux.lu

Ziele in der Umgebung

◎ **Lellingen**   ▸ S. 117, D 3
86 Einwohner

In den 1980er-Jahren wurde Lellingen sorgfältig restauriert und mit
Einverständnis der Bevölkerung
ein Öslinger Modeldorf. So konnte
der Charakter eines einfachen Ar-
dennendorfs mit schiefergedeckten

Häusern und dem Misthaufen vor
der Tür bis heute bewahrt werden. Die Idylle wird einmal im Jahr
unterbrochen, wenn Hunderte von
Besuchern Ende Juni zum **Open-
Air-Kunst-Festival** nach Lellingen
strömen. Den ganzen Tag sind dann
die Hobby- und Profikünstler bei
ihrer Arbeit zu beobachten. Die kleinen Ortschaften Lellingen, Pintsch
und Enscherange gehören zur Gemeinde Kijschpelt (zusammen 960
Einwohner). Sie sind von bewalde-
ten Höhen umgeben und bieten viele
Wandermöglichkeiten. In Enscherange sind drei Wassermühlen erhalten, von denen die Rackesmühle
zu besichtigen ist.
10 km südl. von Clervaux

◎ **Munshausen**   ▸ S. 117, D 2
967 Einwohner

In dem Marktflecken, wenige Kilometer südlich von Clervaux, leben
längst vergessene Bräuche wieder
auf. Im Landmuseum **A Robbes-
scheier** ᪣᪥ (▸ Familientipps, S. 31)
kann man täglich von 10 bis 17 Uhr
das bäuerliche Leben früherer Zeiten entdecken und selbst erleben.
Faszinierend für Besucher jeden
Alters. Im gleichnamigen Restaurant
werden traditionelle Gerichte aufgetischt.
5 km südl. von Clervaux

Diekirch   ▸ S. 117, E 4
6000 Einwohner

Den Namen werden Sie bei einer
Reise durch Luxemburg schon öfters
gelesen haben – so heißt nämlich das
Bier, das in der Stadt gebraut wird.
Diekirch (Dikrech), im weiten Tal
der Sauer, erlangte im Zweiten Weltkrieg bei der **Rundstedt-Offensive**
traurige Berühmtheit, lag es doch im

Kreuzfeuer deutscher und amerikanischer Fronten. Als Folge davon wurde nahezu die gesamte Stadt dem Erdboden gleichgemacht, die Einwohner wurden evakuiert oder verbrachten die Zeit während der schrecklichen Angriffe in dunklen

Relikt aus dem Mittelalter: die Burgruine Bourscheid (▶ MERIAN-Tipp, S. 51).

Kellern. Diekirch präsentiert sich heute als moderne, offene Stadt, deren pulsierende Ader im Bereich der Fußgängerzone, der ersten des Landes, schlägt. Diese erstreckt sich von der Place Guillaume bis zur alten Kirche. Die **Place de la Libération**, auf die Cafés und Bistros ihre Stühle stellen, wird im Sommer zum Treffpunkt. Die Esel sind inzwischen zum Wahrzeichen der Stadt geworden. Mit ihnen wurden früher die Weizensäcke zum Herrenberg transportiert, wo sich heute die Militärkasernen

befinden. Beim **Eselbrunnen** in der Fußgängerzone sind nicht nur die Kinder versucht, den Tieren die Ohren zu verdrehen oder sie im Kreis zu drehen.

Die günstige Lage an den Ausläufern der Ardennen, die Nähe zur Region Müllerthal – Kleine Luxemburger Schweiz und die verkehrsmäßige gute Anbindung zur Hauptstadt an der internationalen Bahnlinie machen die Stadt zum idealen Stützpunkt im Norden. Das Sportangebot bietet mit Kajak- und Kanufahrten, Angeln, Tennis und Wandern für jeden etwas.

SEHENSWERTES
Alte Pfarrkirche St. Laurentius

Bei einem Besuch der Kirche wird schnell deutlich, dass sie auf römischen Fundamenten erbaut wurde. Im »Keller« können Sie noch einige Skelette aus dieser Zeit und ein Dutzend Sarkophage sehen. Der Name Diet-Kirch (= Volkskirche) geht auf das erste Gotteshaus zurück.

MUSEUM
Nationalmuseum für Militärgeschichte (Musée National de l'Histoire Militaire)

Die nachgestellten Kriegsszenen wurden anhand von Fotos rekonstruiert. Diese Ausstellung möchte auf die enorme Zerstörung im Zweiten Weltkrieg (1944/45) aufmerksam machen, als deutsche Truppen der Offensive der Alliierten erbitterten Widerstand leisteten. Es dauerte Jahre, bis sich die Region von den Verwüstungen erholt hatte.
10, rue Bamertal • www.nat-military-museum.lu • April–Okt tgl. 10–18 und Nov.–März 14–18 Uhr • Eintritt 5 €, Kinder 3 €

ÜBERNACHTEN
Dahm

Ruhig gelegen • Das Vier-Sterne-Hotel mit modernisierten Zimmern und Garten liegt 5 km westlich der Stadt und bietet »Wandern ohne Gepäck« an (Info: www.ardennes-hotels.lu).

57, rue Porte des Ardennes, Erpeldange • Tel. 8 16 25 51 • www.hotel-dahm.com • 25 Zimmer • ♿ • €

De la Gare

Familäre Atmosphäre • Zum kleinen Hotel gehört ein gutes Restaurant.

73, av. de la Gare • Tel. 80 33 05 • 5 Zimmer • €

ESSEN UND TRINKEN
Jardin du Portugal

Sehr gute Küche • Unauffällig, doch feine portugiesische Spezialitäten.

33, av. de la Gare • Tel. 26 80 37 05 • €€€

SERVICE
AUSKUNFT
Verkehrsverein

Diekirch 1, Esplanade • Tel. 80 30 23

Ziel in der Umgebung
◎ Ettelbruck   ▸ S. 117, D 4
6500 Einwohner

Als »Pforte der Ardennen« wird Ettelbruck bezeichnet, das sich an den wichtigen Verkehrsachsen im Norden zur größten Stadt des Ösling entwickelte. In der Fußgängerzone lohnt sich ein Stopp zum Bummeln und Shoppen.

Dem amerikanischen General Patton wurde an der Sauerbrücke ein Denkmal gesetzt, da es ihm Ende 1944 gelang, von hier aus mit seiner 3. US-Armee entscheidend einzu-greifen. Das Patton-Museum ist Mitte Juli–Mitte Sept. tgl. 10–17, sonst So 14–17 Uhr zu besichtigen.

5 km südwestl. von Diekirch

Esch-sur-Sûre   ▸ S. 116, C 3
300 Einwohner

Klein aber fein! So präsentiert sich das Ardennenstädtchen im Nordwesten des Landes. Dort, wo ein mächtiger Felssporn dem Fluss den Weg versperrt und so die Sauer veranlasst, in einer weiten Schleife drumherum zu fließen, entstand im 10. Jh. eine Burg. Genau am Nadelöhr errichtet, diente sie lange Zeit der Sicherung des Verkehrsweges. Das **Château** ist inzwischen in großen Teilen verfallen, doch zu seinen Füßen schmiegen sich bis heute die weißen Häuser dicht an dicht bis hinunter zum Fluss. Die einzigartige Lage, eingekeilt im grünen Tal, lockt

---

MERIAN-Tipp   6

BURGRUINE BOURSCHEID
▸ S. 117, D 3/4

Die Anlage beeindruckt durch ihre Lage und die gewaltigen Wehrtürme. Ihr Ursprung reicht mehr als 1000 Jahre zurück. Vom eckigen »Luginsland« bietet sich ein großartiges Panorama. Die restaurierten Ecktürme und das Château lassen die abschreckende Wirkung der mittelalterlichen Burg erahnen. Der zugehörige Ort liegt etwas oberhalb.

15 km nordwestl. von Diekirch • www.bourscheid.net • April–Sept. tgl. 9–18 Uhr, Okt.–März Sa, So und Fei 10–17 Uhr • Erw. 3,50 €, Kinder 2 €

im Sommer Tausende von Besuchern in das beschauliche Städtchen. Den Wagen parken Sie am besten am Ufer und folgen dem Legendenweg durch den Ort auf den Spuren des Kreuzritters Heinrich von Esch. Der nahe Stausee und der Naturpark Obersauer bieten im Sommer vielfältige Möglichkeiten zur Freizeitgestaltung. Geruhsam und beschaulich ist eine Paddeltour auf den Seitenarmen des **Obersauer Stausees**, die auch für Surfer und Angler bestens geeignet sind. Auf gut beschilderten Wanderwegen lässt sich das Gebiet zu Fuß erkunden. So beispielsweise auf einem der thematischen Rundwege »Auf den Spuren von Wasser und Natur«. Fahrradurlauber brauchen in der Hügellandschaft eine gute Kondition, werden dafür aber mit abwechslungsreichen Strecken belohnt. Empfehlenswert ist ein Ausflug zur Dorfkirche von **Rindschleiden** mit ihren Fresken aus dem 15. und 16. Jh., die zu den schönsten in Luxemburg gehört.

MERIAN-Tipp   **7**

IM SOLARBOOT FLORA UND FAUNA ENTDECKEN

▶ S. 116, B/C 4

Diese geführte naturkundliche Rundfahrt ermöglicht einen ganz neuen Blickwinkel auf die Tier- und Pflanzenwelt im Bereich des Obersauer Stausees. Während der zweistündigen Fahrt ist auch ein »Landgang« zum Waldentdeckungszentrum Burfelt vorgesehen. Wer danach noch ein Stück laufen möchte, dem sei die Kombination der Solarbootfahrt mit der »Amphibien-Tour«, einer 8 km langen Wanderung am Nordufer entlang, empfohlen. Der Weg führt am Ende über die Schwimmbrücke ans andere Ufer nach Lultzhausen (ein Besuch des dortigen Skulpturensymposiums ist lohnenswert). Abfahrt in Insenborn • Tel. 8 99 33 11 (Anmeldung empfehlenswert) • www.naturpark-sure.lu • Mitte Juni–Ende Aug. tgl. außer Mo. um 10, 13.45 und 16 Uhr • Preis 8 €, Kinder 4 €

SEHENSWERTES

Burgruine

Die Mauerreste hoch auf dem Sporn sind Zeugen einer 1000-jährigen Vergangenheit. 927 wurde der Grundstein für die Festung gelegt. Im 14. Jh. gab es Erbstreitigkeiten, und die Wirren der Französischen Revolution bedeuteten 1789 das Ende. 1893 ging die Anlage in Staatsbesitz über und wurde 1912 an einen ägyptischen Weltenbummler verkauft. Nachdem dieser allerdings die Rechnungen für den Wiederaufbau nicht begleichen konnte, fiel die Burg an den Staat zurück. Mit 465 m Länge reichte die Festungsmauer bis hinunter zur Sauer und riegelte damit das Tal vollständig ab. Von strategisch wichtiger Bedeutung war der Lochturm auf dem Nachbarfelsen. Aus 30 m Höhe konnte von hier aus das Tal in beide Richtungen eingesehen werden. www.castle-esch-sur-sure.lu • ganzjährig geöffnet • Eintritt frei

Tuchfabrik

Die alte Maschinenhalle der ehemaligen Tuchfabrik wurde zum aktiven Museum umgewandelt, wo den

Der Stausee Obersauer (▶ S. 52) ist nicht nur ein Eldorado für Segler und Surfer, sondern zugleich die größte Trinkwasserquelle des Landes.

Besuchern anhand von Vorführungen der vollständige Prozess von der Wolle bis zum fertigen Tuch erläutert wird. In diesem Gebäude befindet sich auch das Naturparkzentrum.

15, rte. de Lultzhausen • tgl. außer Mi 10–17, im Sommer bis 18 Uhr • Eintritt 2,50 €, Kinder 1,25 €

Waldentdeckungszentrum
Burfelt　▶ S. 116, B 4

Schon auf dem Zugang vom Parkplatz erfährt der aufmerksame Besucher eine ganze Menge über die Bäume am Wegesrand. In dem Ausstellungsgebäude werden Besuchern Hintergrundinformationen über den Nutzen des Waldes, zum Beispiel als Gerbstoff, vermittelt. Schöner Badeplatz, jedoch nicht per Auto zugänglich.

7 km südwestl. von Esch-sur-Sûre, an der Uferstraße Insenborn-Arsdorf rechts ausgeschildert • nur Mitte Juni–Mitte Sept. zugänglich

SPAZIERGANG

Es lohnt sich, direkt am Ortseingang beim Parkplatz über den kurzen Wanderweg (insgesamt 2 km) den steilen Hang hinaufzusteigen. Von hier bietet sich eine »Postkartenperspektive« auf den Ort **Esch-sur-Sûre**. Bänke stehen an den besten Aussichtspunkten.

Dauer: 15 Min.

ÜBERNACHTEN
Beau-Site

Mittelklassehotel • Direkt am Ufer der Sauer, neben der alten Brücke. 2, rue de Kaundorf • Tel. 89 90 21 • www.beau-site.lu • 18 Zimmer • €€

De la Sûre

In Toplage • An warmen Tagen ist die Restaurantterrasse sehr zu empfehlen. Auf der Sonderkarte »Gourmet vum Séi« werden ausgewählte Produkte der regionalen Landwirtschaft angeboten.

1, rue du Pont • Tel. 83 91 10 • www. hotel-de-la-sure.lu • 24 Zimmer • €€

SERVICE
AUSKUNFT
Verkehrsverein
Esch-sur-Sûre, Boîte Postale 3 • Tel. 8 99 33 12 01 • www.ardennes-lux.lu

Ziele in der Umgebung
◎ **Naturpark**   ▸ S. 116, B/C 3
Obersauer
5500 Einwohner
Sechs Gemeinden um den Stausee umfasst der erste Naturpark Luxemburgs, der 1999 eröffnet wurde. Zielsetzung ist die ökologische Entwicklung der Region in Verbindung mit einem »sanften Tourismus«, der den Urlaubern die Natur und Kulturdenkmäler näher bringt. Der Naturpark umfasst die typische Ardennenlandschaft, deren Bachläufe jahrzehntelang Wassermühlen antrieben. 50 % des Parks sind bewaldet, ein Biotop, in dem sich Wildschweine, Rotwild, aber auch Fischotter wohlfühlen.

In dem Naturpark wurden vier verschiedene Rundwege eingerichtet, die unter dem Motto »Auf den Spuren von Wasser und Natur« stehen. Es handelt sich dabei um familiengerechte, thematische Erlebniswege und Lehrpfade durch die Mittelgebirgslandschaft der Ardennen. Sie haben unterschiedliche Längen von 4,5 bis 8 km und Schwierigkeitsgrade von leicht bis mittelschwer. Die etwas anderen Wanderwege werden erlebnisreich durch eine Kombination von sinnlicher Wahrnehmung

sowie spielerischer und mystischer Elemente. Fast alle Lebensräume sind auf den Wanderwegen zu Fuß zu erreichen. Eine hautnahe Begegnung mit der Natur.

Wanderkarten und Informationen sind im Naturparkzentrum in Esch-sur-Sûre erhältlich.

◎ **Skulpturensymposium**
Bilsdorf und Lultzhausen
               ▸ S. 116, C 3/4
Zum Kulturjahr 1995 legten vier Künstler den Grundstein für das Skulpturensymposium in Bilsdorf. Zusammen mit dem natürlichen Umfeld aus Wiesen, Bäumen und Himmel bilden die Steinplastiken ein Gesamtkunstwerk.

1999 entstand in Lultzhausen ein weiterer Skulpturenpark. Ein Anliegen ist es dabei, Natur und Kultur in Einklang zu bringen.

Bilsdorf: 14 km südwestl. von Esch-sur-Sûre • Lultzhausen: 5 km westl. von Esch-sur-Sûre
Auf der Südostseite des Stausees Obersauer • www.naturpark-sure.lu

◎ **Stausee Obersauer**
               ▸ S. 116, B/C 3
Harmonisch fügt sich die größte Trinkwassertalsperre des Landes seit den 1960er-Jahren in die grüne hügelige Ardennenlandschaft ein. Über eine Länge von 19 km wurde der gewundene Fluss bis zur Brücke **Pont Misère** aufgestaut. Durch diese Maßnahme entstand ein Eldorado für Segler, Surfer und Schlauchbootkapitäne.

Ein thematischer Rundweg, »Natur pur?« zeigt, wie die Nutzung der natürlichen Ressourcen (Wasser, Holz, Schieferstein) die Landschaft und die Natur an der Obersauer über die letzten Jahrhunderte beeinflusst hat. Auch der Aspekt Naturschutz durch extensive Nutzung wird erläutert. Ausgangspunkt ist am Pont Misère zwischen Boulaide und Arsdorf; eine Begleitbroschüre ist u.a. im Naturparkzentrum oder bei den umliegenden Gemeinden erhältlich. Achtung: 5 km vor der 48 m hohen Staumauer sind jegliche Wassersportaktivitäten verboten.

Ein ausgedehnter Wanderweg (»Circuit du Lac«) von 42 km Länge erschließt auf angenehmen Waldwegen (und kurzen Straßenpassagen) das Gebiet um den Stausee.

Vianden   ▶ S. 117, E 3

1600 Einwohner

In dem Ardennenstädtchen stimmt so ziemlich alles: zum einen die großartige Lage im tief eingekerbten Tal der Our, die sich in zahlreichen Windungen entlang der Grenze schlängelt. Zum anderen die Atmosphäre am Flussufer und entlang der **Grand-Rue**, die gesäumt ist von malerischen Häusern und gepflegten Lokalen, in denen man vorzüglich essen kann.

Als Tüpfelchen auf dem »i« wird die Stadt überragt von der größten **Burganlage 8** westlich des Rheins. Wen wundert es da noch, dass Vianden zu den meistbesuchten Orten Luxemburgs gehört.

Dann locken noch die nahezu unerschöpflichen Wandermöglichkeiten durch den Naturpark Our, einem herrlichen Naturschutzgebiet.

Schon der französische Dichter Victor Hugo hatte sein Herz in Vianden verloren, sodass er oft wiederkehrte. Er verbrachte hier auch einen Teil seines langjährigen Exils. Unvergesslich bleibt sein persönlicher Einsatz am 15. Juli 1871 bei einem Stadtbrand, als er für den abwesen-

Beschaulich und lehrreich zugleich ist eine naturkundliche Rundfahrt im Solarboot (▶ MERIAN-Tipp, S. 52) auf dem Obersauer Stausee.

den Bürgermeister die Löscharbeiten koordinierte und anschließend zu einer Spendenaktion für die betroffenen Bürger aufrief.

Die Our bildet im gesamten Verlauf die Grenze zu Deutschland, nur hier in Vianden wurde eine Ausnahme gemacht, damit die Stadt nicht zweigeteilt werden musste.

SEHENSWERTES

Burg Vianden 🔴8

Eine Burg wie aus dem Bilderbuch, mit Waffen, Ritterrüstung und Verteidigungstürmen. Die mittelalterliche Anlage hat als eine der wenigen ihren romanisch-gotischen Charakter bewahrt. Die Burgkapelle wurde als einzige in Luxemburg in ihren ursprünglichen Farben wiederhergestellt. Es ist ein ungewohnter Anblick, doch der bunte Kirchenraum entspricht dem romanischen Zeitgeist.

Der ehemalige Haferspeicher eignet sich ideal für Bankette, und das wird auch von großen Firmen und Banken oder für Staatsempfänge genutzt. Einer der Wandteppiche (an der Stirnwand) zeigt als Kopie der Sixtinischen Kapelle das Opfer von Hydra. Die Küche wurde so eingerichtet, dass man gleich Appetit auf Ardennenschinken bekommt. www.castle-vianden.lu • April–Sept. tgl. 10–18, März und Okt. 10–17, sonst 10–16 Uhr • Eintritt 5,50 €, Kinder 2 €

Burgruine Brandenbourg

▶ S. 117, E 3

Als Wanderung (14 km) oder per Rad ein angenehmer Ausflug. Die Ruine der einst stattlichen Anlage ist das ganze Jahr über von außen zu besichtigen.

Kupfergrube Stolzemburg

Nach dem Besuch des Museums, des geologischen Lehrpfades und der Stollen ist man genauestens über die Kupfergewinnung informiert. 5a, rue Principale, Stolzemburg • www.stolzembourg.lu • Führungen: April–Juni So 14 Uhr, Juli–Sept. tgl. 14 Uhr • Eintritt 5 €, Kinder 1,50 €

MUSEEN

Museum der Stadtgeschichte

Das Gebäude beherbergt das einzige Bäckermuseum Luxemburgs, wo einem schon am Eingang der Brotduft in die Nase steigt. Wie in den 1950er-Jahren gebacken wurde, zeigen die historischen Maschinen und alten Backwerkzeuge eindrücklich. Doch wird in dem Museum auch die bewegte, 1000-jährige Geschichte der Stadt Vianden lebendig. Ein eigener Bereich ist dem Nationaldichter Dicks gewidmet. 96-98, Grand-Rue • Ostern–Okt. tgl. 11–17 Uhr • Eintritt 3 €, Kinder 2 €

Victor-Hugo-Museum

Hier wohnte Victor Hugo (1802–1885) während seines Exils. Von seinem Zimmer aus konnte er die Burg sehen. Die vier Etagen des Wohnhauses sind zu besichtigen. 37, rue de la Gare • www.victor-hugo.lu • tgl. außer Mo 11–17 Uhr • Eintritt 4 €

SPAZIERGANG

Der steile Weg zur Burg lässt sich mit einer Bergfahrt im Sessellift gut kombinieren. Er führt auf eine Anhöhe oberhalb der Burg, von wo aus man dann talabwärts über einen Pfad in 15 Min. zur **Burg** gelangen kann. Von der Caféterrasse an der Bergstation bietet sich der beste

Blick auf die Stadt und die Burganlage. Zum Château führt ein schattiger Waldweg in Serpentinen hinunter. Die Rückfahrt per Sessellift lohnt nach der Burgbesichtigung nicht, da man wieder ein ganzes Stück den steilen Berg hinaufsteigen muss. Dauer: 15–20 Min.

ÜBERNACHTEN
Auberge du Château

Gutes Mittelklassehotel • Im rustikalen Speiseraum werden köstliche Gerichte serviert. Herrliche Terrasse.
74, Grand-Rue • Tel. 83 45 74 • www.auberge-du-chauteau.lu • 40 Zimmer • €€

Belvédère

Freundliche Atmosphäre • Hier können Sie ein Zimmer mit Burgblick buchen. Das Restaurant ist bekannt für seine kreative Küche.
4, rte. de Diekirch • Tel. 26 87 42 44 • www.hotelbelvedere.lu • 16 Zimmer • €€

Heintz

Beste Aussicht • Ein Familienbetrieb mit Atmosphäre. Zweckmäßige Zimmer, zur Rückseite mit Balkon, schöner Garten.
55, Grand-Rue • Tel. 83 41 55 • www. hotel-heintz.lu • 30 Zimmer • €€

Oranienburg

Mit Burgblick • Rustikal eingerichtete Zimmer. Von der Terrasse bietet sich der schönste Blick hoch zur gleichnamigen Burg. Lassen Sie sich im Hotelrestaurant von Jean-Paul Hoffmann verwöhnen, der zu den Spitzenköchen des Landes zählt.
126, Grand-Rue • Tel. 8 34 15 31 • www.tourist-info-vianden.lu/ hoteloranienburg • 25 Zimmer • €€

Petry 🍴🍴

Für die ganze Familie • Sehr angenehmes Hotel mit komfortablen Zimmern im Neubau.
15, rue de la Gare • Tel. 83 41 22 • www.hotel-petry.com • 26 Zimmer • €€

ESSEN UND TRINKEN
Café du Pont

Schöne Terrasse • Restaurants und Caféterrassen gibt es in Vianden viele, doch hier über der Our finden Sie den schönsten Platz, um beispielsweise Ardennenschinken mit Melone zu probieren.
1, Grand-Rue • Tel. 83 40 61 • €

SPORT
Hochseilgarten »Indian Forest«

Im Wald oberhalb der Our befindet sich der spannende Parcours, wo es in luftiger Höhe viel zu entdecken gibt. Ausgeschilderte Fußwege vom Ort.
April–Nov. tgl. 10–18 Uhr • Eintritt 12 €, Kinder 8 €

SERVICE
AUSKUNFT
Fremdenverkehrsbüro

Vianden, 1a, rue du Vieux-Marché • Tel. 83 42 57 • www.vianden-info.lu, www.vianden.lu (Gemeinde Vianden)

Wiltz
▸ S. 116, C 3

4000 Einwohner
Die Stadt dehnt sich vom weiten Flusstal der Wiltz über die grünen Hänge bis zur Oberstadt auf dem Bergrücken aus. Den besten Blick auf die schiefergedeckten Häuser der **Haute Ville**, dem alten Stadtteil, der sich von der Burganlage bis zur Kirche erstreckt, bietet der Aussichtspunkt an der Höhenstraße Richtung

Esch-sur-Sûre. Das Ardennenstädt-chen ist für das **Europäische The-ater- und Musikfestival** 🟊 (▶ Feste und Events, S. 24) bekannt, das in den 1950er-Jahren ins Leben geru-fen wurde und heute internationalen Ruf genießt.

Die vielen Jugendlichen mit ihren weiten Hüten und Halstüchern ma-chen im Sommer schnell deutlich, dass Wiltz die Hauptstadt aller Pfad-finder Europas ist. Am Stadtrand haben sie während des Festivals ihre Zelte aufgeschlagen.

Im Zweiten Weltkrieg spielte Wiltz (Wooltz) eine bedeutende Rolle im Widerstand gegen das Naziregime. Von hier dehnte sich am 31. August 1942 ein Generalstreik über das ganze Land aus, ein Streikdenkmal an der Zufahrt in die Oberstadt, in der Rue du Château, erinnert daran.

SEHENSWERTES
Schloss Wiltz

Ein Großteil des Schlosses wurde zum Altersheim umgebaut. Einige Räume sind in Verbindung mit dem Museum zu besichtigen. Nach den turbulenten Jahren des Dreißigjäh-rigen Krieges wurde die Anlage 1727 als Sitz der Grafen von Wiltz fertig gestellt. Der **Hexenturm**, in dem die vermeintlichen Hexen bis zur Verbrennung eingesperrt wurden, stammt aus dem 16. Jh.
Oberstadt, Rue du Château

Dekanatskirche

Die spätgotische Kirche in der Un-terstadt überrascht durch den unge-wöhnlichen Grundriss. Hier liegen die Grafen von Wiltz begraben. An die vielen Toten während der Pest erinnert das Kreuz daneben.
Unterstadt

Gärten von Wiltz (Jardin de Wiltz)

Die Bepflanzung, Terrassenanlagen, Wasserfälle und Skulpturen machen das große Areal zu einer Augen-weide. Künstler, Handwerker, Be-hinderte und Arbeitslose haben die-ses Werk gemeinsam geschaffen.
Rue de Montagne

Schumanns Eck

Natursteinmauern ragen in den Himmel, nackte Betonwände, Eisen-verstrebungen – hier war Krieg! An keinem anderen Ort im Ösling wur-de im eisigen Winter 1944/45 inner-halb so kurzer Zeit auf so engem Raum so viel Blut auf beiden Seiten vergossen. Das Mahnmal steht fast unbeachtet neben der stark befahre-nen Kreuzung der N 26/N 15, 5 km südwestlich von Wiltz. Als Zeichen der Versöhnung zwischen Deut-schen und Alliierten wurde zum 60. Jahrestag ein Gedenkstein (am Parkplatz) für die Opfer errichtet.
www.nat-military-museum.lu

MUSEEN
Nationalmuseum für Braukunst und Gerbereimuseum

In den Pferdeställen des Wiltzer Schlosses wurde das erste und ein-zige Braukunstmuseum eingerichtet. Hier lässt sich sogar die Kunst des Bierbrauens erlernen. In der Wirts-stube kann man das Bier kosten. Das Gerbereimuseum zeigt die Ge-schichte des Handwerks.
Im Schloss • Mo–Fr 9–13 und 14–17, Sa 10–12 Uhr • Eintritt 2,50 €, Kinder 1,50 €

Museum der Ardennenschlacht

Menschenschicksale verbergen sich hinter den nüchtern beschriebenen Stellungsverläufen des Zweiten Welt-

Die Pferdeställe von Schloss Wiltz beherbergen das erste und einzige Braukunst-museum (▶ S. 58) des Landes. Natürlich kann das Bier dort auch verkostet werden.

kriegs. Das Museum ist in den kleinen Burgräumen eingerichtet.
Juli–Aug. tgl. 10–12 und 13–17 Uhr • Eintritt 2,50 €, Kinder 1,50 €

ÜBERNACHTEN
Aux Anciennes Tanneries
Drei-Sterne-Hotel • Unterkunft in einer ehemaligen Lohmühle am Ufer der Wiltz. Vorzügliche französische Küche.
42a, rue Jos Simon • Tel. 95 75 99 • www.auxanciennestanneries.com • 14 Zimmer • €€

Du Vieux Château
Zentrales Stadthotel • Direkt neben dem Schloss, am Anfang der Fuß-gängerzone. Internationale Küche. Garten und Terrasse.
1–3, Grand-Rue • Tel. 95 80 18 • www.hotelvchateau.com • 12 Zimmer • €€

SERVICE
AUSKUNFT
Verkehrsverein
Wiltz, Château de Wiltz • Tel. 95 74 44 • www.wiltz.lu

Im Fokus

Burgen und Schlösser Sie sind stumme Zeugen der bewegten Vergangenheit des Großherzogtums und ziehen alljährlich viele Besucher in ihren Bann.

Kaum ein anderes Land hat in Relation zu seiner Fläche so viele Burgen wie Luxemburg. Von den 110 im Mittelalter bestehenden Burgen und Schlössern sind heute noch 50 ganz oder teilweise erhalten.

Klassische Burganlagen, wie wir sie heute kennen, kamen erst im Mittelalter auf. In Luxemburg spiegeln sie die bewegte Vergangenheit eines Landes wider, das durch seine instabile politische Lage oft überfallen und erobert wurde. Die ältesten Funde waren großräumige Befestigungen, in denen bei Gefahr ganze Dorfgemeinschafen Schutz finden konnten. Kleinere Anlagen dienten den Stammeshäuptlingen und ihrem Gefolge als Zuflucht.

Bis in die Zeit der Kelten reicht das Oppidum auf dem Tëtelbierg (Titelberg) im Süden des Landes bei Differdange zurück. Diese stadtähnliche Anlage war auf fast 3 km Länge von einer hohen Mauer umgeben. Als die Römer das Land besetzten, nutzten sie solche Strukturen für ihre Kastelle.

Boomender Burgenbau

Die Ritterburgen entstanden zur Feudalzeit zwischen dem 9. und 10. Jh., als die Lehnsherren immer mehr auf Eigenhilfe angewiesen waren. Ein wahrer Burgen-Bauboom setzte im 11. Jh. ein. Kaiser Konrad II. hatte im Jahr 1037 die Vererbbarkeit aller Lehen verfügt. Infolge der Erbteilung wur-

◄ Einst Bollwerk der Verteidigung: die Ruine der Burg Beaufort (► S. 67).

den die Ländereien immer kleiner, und die Zahl der Burgen stieg rasant. Am häufigsten wurden die Wohnsitze auf Felsvorsprüngen errichtet, die geschützt lagen und einen guten Überblick boten. Auffallend ist, dass die Anlagen zwar auf einem Sporn errichtet sind, doch oft in einer Senke liegen. Dies ist auf die damalige Waffentechnik zurückzuführen, die vornehmlich aus Pfeil und Bogen bestand. Vier Jahrhunderte dauerte die Blütezeit der Ritterburgen an, bis weitreichende Feuerwaffen den Niedergang der Trutzburgen einläuteten. Viele Anlagen wurden während der französischen Besatzung zwischen 1684 und 1690 geschleift. Zur gleichen Zeit trachteten die Burgherren nach immer mehr Wohnkomfort, den ihnen die alten Gemäuer nicht boten. Wer es sich leisten konnte, denn die Fronarbeit war mit der Französischen Revolution abgeschafft worden, ließ sich in Burgnähe ein Renaissanceschlösschen errichten.

Die Wiederbelebung

Die luxemburgische Burgenvereinigung hat sich eine Wiederbelebung einiger dieser historischen Anlagen auf die Fahnen geschrieben. Nach dem Motto »Eine Zukunft unserer Vergangenheit« bekommen die 20 bedeutendsten Burgen eine neue Bestimmung und werden der Öffentlichkeit zugänglich gemacht. Dass dieses Konzept erfolgreich ist, zeigen die jährlich rund 200 000 Besucher in der Ardennenstadt **Vianden**. Mit großem Aufwand wurde die klassische Ritterburg wieder restauriert und so eingerichtet, wie man es erwartet. Die Burg

Bourscheid, die um das Jahr 1000 auf dem Sporn entstand, gehört mit acht Wehrtürmen ebenfalls zu den Klassikern. 1472 kam noch eine Vorburg mit Palisaden hinzu, die der gewaltigen Anlage ein imposantes Aussehen verleiht. 1812 ließ der letzte adelige Eigentümer den Besitz öffentlich versteigern. 150 Jahre später wurde die als »historisches Denkmal« eingestufte Ruine vom Staat erworben und seither Schritt für Schritt restauriert. Eine spezielle Beleuchtung verwandelt sie am Abend in eine Märchenkulisse. Im weiten Tal erhebt sich die Trutzburg in **Clervaux** in weißem Gewand über der Stadt. Von anderen Anlagen sind Mauergerippe erhalten, die eine besondere Faszination auf den Betrachter ausüben und die einstige Wehrhaftigkeit erahnen lassen. So die Fragmente in **Beaufort** und **Useldange**, die sich vor blauem Himmel abzeichnen.

Kulisse für Festspiele

In **Wiltz** dient das Renaissanceschloss mit seiner monumentalen Treppe aus dem 18. Jh. alljährlich im Juli als Kulisse für das bekannte **Europäische Theater- und Musikfestival** ⚑, das ein vielfältiges Angebot an Theater-, Ballett-, Musik- und Tanzveranstaltungen umfasst (► Feste und Events, S. 24).

Ganz anders wirkt **Schloss Colpach** auf den Besucher. 1747, als mit dem Neubau begonnen wurde, musste nicht mehr an Verteidigung gedacht werden. So erstrahlt die dreistöckige Fassade mit ihren vielen Fenstern heute in einer offenen Großzügigkeit. Der herrliche Park kann das ganze Jahr über besucht werden.

Luxemburger Burgenvereinigung: www.adclux.info

Region Müllerthal
Auch Luxemburg hat seine »kleine Schweiz« – mit dem romantischen Müllerthal als Aushängeschild und Echternach als kulturellem Zentrum.

◀ Grotten und Felsentunnel locken viele Wanderer in die Kleine Luxemburger Schweiz (▸ S. 63).

Nicht nur die Holsteiner, Franken, Sachsen und Schleswig-Holsteiner haben ihre Schweiz. Die Schönheit der im Osten gelegenen Region Müllerthal – Kleine Luxemburger Schweiz (»La Petite Suisse Luxembourgeoise«) lässt sich so richtig erst abseits der Verbindungsstraßen zu Fuß entdecken. In den dichten Wäldern tauchen dann bizarre Felslandschaften auf, tief eingekerbte Täler, Grotten, Felsentunnel, an denen die Wanderwege dicht vorbeiführen, manchmal sogar mitten durch Felsspalten und -höhlen, sodass für einige Strecken eine Taschenlampe empfohlen wird. Von den Hochflächen aus bieten sich schöne Ausblicke über diese Landschaft.

Genusswandern

Auf den zahlreichen Wanderwegen, wobei der Mullerthal Trail insgesamt 110 km in drei Schleifen umfasst, lässt sich die mystische Region am schönsten erschließen. Je nach Kondition und Zeit lassen sich die Touren kombinieren (www.mullerthal-trail.lu, ▸ S. 28). Die Unterkünfte entlang der Strecke sind bestens auf Wanderer eingestellt.
Beschauliche Ortschaften wie **Müllerthal** und **Berdorf**, **Beaufort** mit seiner Burg und **Consdorf-Scheidgen** sind gute Ausgangspunkte, um die »Kleine Schweiz« zu erkunden, Radfahrer haben den attraktiven Landstrich an der Grenze zu Deutschland längst entdeckt, der auf einem Radwanderweg gerade mal 40 km von der Landeshauptstadt entfernt ist.

Kultur und Natur

Der Hauptort **Echternach**, die »Perle« der Kleinen Luxemburger Schweiz, liegt an der Sauer, dem Grenzfluss zwischen Deutschland und Luxemburg. In den Gemäuern der einstigen Abtei können Sie die hohe Kunst des Buchdrucks bewundern, die eindrucksvolle Basilika besuchen oder klassischer Musik lauschen. Das Gebiet ist Teil des **Deutsch-Luxemburgischen Naturparks Südeifel**, der im Norden bis an die Landesgrenze reicht, im Westen bis Bourscheid und im Osten an die Talsperre Bitburg in der Eifel grenzt.

Echternach ✪ ▸ S. 121, E 9
5100 Einwohner

Die Stadt ist nicht nur wegen ihrer attraktiven Lage an der Sauer, der Basilika und dem ansprechenden Stadtbild um den alten Marktplatz bekannt, sondern auch wegen des **Internationalen Musikfestivals** und der **Springprozession** (▸ Feste und Events, S. 23). Aus dem Wallfahrtsort mit dem Grab des hl. Willibrord, der hier 739 starb, entwickelte sich bald der bedeutende Marktflecken Echternach, dessen Schreibstube am Ende des letzten Jahrtausends zum bedeutendsten Zentrum der Buchmalerei wurde. Teile der mittelalterlichen Befestigung, die aus 15 Verteidigungstürmen in der Ringmauer und sechs Eingangstoren bestand, blieben an der **Rue des Remparts** erhalten.

Echternach ist auch ein guter Ausgangspunkt für Wanderungen. Auf dem künstlich angelegten Echternacher See tummeln sich Tretbootkapitäne, rasante Fahrten mit einer Wasserbanane und Wasserski sind flussabwärts bei Rosport möglich, und Angler versuchen entlang der zahlreichen Bäche ihr Petri Heil.

Per Linienbus ist Echternach sehr gut von Luxemburg, Ettelbruck und Wasserbillig zu erreichen.

SEHENSWERTES

Abteigebäude

Im 18. Jh. entstand diese europäische Gemeinschaftsproduktion verschiedener Künstler und Architekten. Mit 75 m Länge ist die gewaltige vierflügelige Anlage mit Abstand die größte in Luxemburg. 1795 flohen die Mönche vor den französischen Revolutionstruppen.

April–Okt. tgl. 10–12 und 14–17, Juli und Aug. 10–18 Uhr

WUSSTEN SIE, DASS ...

... Henry Tudor den ersten großen wirtschaftlichen Erfolg für Bleiakkus erbrachte und 1886 den Auftrag zur elektrischen Beleuchtung der Stadt Echternach bekam?

Orangerie

Am Rande des Klosters befindet sich in einem Garten die Orangerie. Die Pforte ziert ein kunstvoll geschmiedetes Tor.

Rue des Mercier

Pfarrkirche St. Peter und Paul

Die wehrhafte Kirche auf dem historischen Hügel war im Mittelalter oft Zuflucht der Bürger. Zur Römerzeit stand hier bereits ein Kastell. Die Apsis der heute dreischiffigen Kirche stammt noch aus den Anfängen, als der Grund Mönch Willibrord geschenkt wurde.

Östl. der Basilika

Rokoko-Pavillon

Den kleinen fünfeckigen Pavillon im Stadtpark ließ sich ein Abt in der zweiten Hälfte des 18. Jh. bauen. An den Ecken befinden sich verschiedene Skulpturen und im Inneren eine Ausstellung von Modellen Luxemburger Bauernhöfe.

Im Sommer geöffnet

Römische Villa 👣👣

Die größte bisher freigelegte Villa Galliens (50–100 n. Chr.) gehörte zweifellos einer wohlhabenden Persönlichkeit. Mehrere Räume waren mit Fußbodenmosaiken ausgeschmückt, die im Abteimuseum ausgestellt sind (▸ S. 65).

Wie das Alltagsleben vor rund 2000 Jahren in einer solchen Villa ausgesehen haben könnte, wird in dem didaktischen Museum deutlich. Ein eigens produziertes Kinderbuch und Workshops machen das Museum für die ganze Familie interessant. Die Römische Villa mit ihren rekonstruierten Säulen befindet sich direkt am Echternacher See.

www.villa-echternach.lu • Ostern– Ende Okt.

Willibrord-Basilika

Was heute romanisch/gotisch anmutet, wurde in den 1950er-Jahren wiederaufgebaut. Die Abteikirche war Ende des Zweiten Weltkriegs beim Rückzug der deutschen Truppen, wenige Jahre nach der Restaurierung, zerstört worden. Zerstörung und Wiederaufbau sind anhand von Fotos im Museum der Vorgeschichte (▶ S. 65) dokumentiert. Seit 1989 Nationaldenkmal. In der Krypta (8./9. Jh.) werden die Gebeine des hl. Willibrord aufbewahrt.

MUSEEN

Abteimuseum

Während der Französischen Revolution nahmen Mönche alle wertvollen Handschriften aus der Schreibstube von Echternach mit auf die Flucht und veräußerten sie, wenn sie in Geldnöten waren. Im ehemaligen Weinkeller der Abtei sind einige kunstvolle Kopien ausgestellt, darunter auch der weltberühmte **Codex Aureus**, dessen Original im Germanischen Nationalmuseum in Nürnberg aufbewahrt wird. Perlen und Edelsteine zieren das Meisterwerk der Buchkunst aus dem 10. Jh. In der nachgebildeten Schreibstube werden die verschiedenen Schritte der mittelalterlichen Buchproduktion anschaulich dargestellt.
www.willibrord.lu • April–Ende Okt. tgl. 10–12 und 14–18, sonst Sa, So 14–17 Uhr • Eintritt 3 €, Kinder 1,50 €

Museum der Vorgeschichte

Über 1 Mio. Jahre Menschheitsgeschichte werden hier lebendig: Unter den vielen Speeren, Pfeilspitzen und kunstvoll bearbeiteten Messern der privaten Sammlung befindet sich in einer Vitrine der älteste Fund aus Luxemburg – vor rund 8000 Jahren in Gebrauch.
Im Erdgeschoss wird Steingut aus Echternach gezeigt, das nach der Französischen Revolution in der

In der Willibrord-Basilika (▶ S. 64) ruhen die Gebeine des gleichnamigen Heiligen. Der angelsächsische Missionar begründete 698 die Benediktinerabtei Echternach.

Kathedrale hergestellt wurde. Das Service »Vieux Luxembourg« gehörte zur Aussteuer jeder Braut. Das Porzellan wurde mit charakteristischen Tiermotiven bemalt.

2, rue des Tanneurs • April–Okt. tgl. außer Mo 10–12 und 14–17, Juli–Aug. 10–17 Uhr • Eintritt 1 €, Kinder 0,50 €

SPAZIERGANG

Spaziergänge und Wanderungen von 1 bis zu 4 Std. Dauer sind gleich am Eingang der Fußgängerzone beim Busbahnhof beschildert. Ein kurzer Spaziergang führt ab hier zum Aussichtshügel **Troos-Kneppchen**. Es lohnt sich unbedingt, von hier das kurze Stück bis zur **Wolfsschlucht** (Richtung Berdorf) weiterzugehen.

Wer länger ausschreiten möchte, kann sich auf dem Mullerthal Trail die passende Strecke heraussuchen. Wanderkarten und Informationen in der Touristinfo an der Basilika. Dauer: 1–4 Std.

ÜBERNACHTEN
Grand Hôtel

Klassisch-modern • Zwischen Hauptstraße und Waldrand verbindet dieses Hotel modernen Komfort mit stilvoller Einrichtung.

27, rte. de Diekirch • Tel. 72 96 72 • www.grandhotel.lu • 36 Zimmer • €€€€

Bel-Air

Spitzenhaus • Das Hotel überzeugt durch den schönen Park und die angenehmen Zimmer. Ausgezeichnete Küche. Wellness und Hallenbad.

1, rte. de Berdorf • Tel. 72 93 83 • www.belair-hotel.lu • 39 Zimmer • €€€

Eden au Lac

Erholung für alle Sinne • In dem luxuriösen Hotel wird alles getan, damit der Gast sich erholen kann. Wunderschöne Lage, Spa, Wellnessbereich mit Whirlpool und Hammam. Hervorragende Küche.

Oam Nonnesees • Tel. 72 82 83 • www.edenaulac.lu • 60 Zimmer • €€€

Hostellerie de la Basilique

Ideal für Wanderer • Alle Zimmer des Vier-Sterne-Hotels sind neu und modern renoviert. Im historischen Zentrum am Marktplatz gelegen.

7-8, pl. du Marché • Tel. 72 94 83 • www.hotel-basilique.lu • 14 Zimmer • €€€

ESSEN UND TRINKEN
Restaurant Petit Palais

Gutbürgerlich • Hier fühlen sich auch Vegetarier wohl. Alle Produkte stammen aus eigener Herstellung.

52, rue de la Gare • Tel. 72 74 29 • €€

Nonnemillen

Ordentliche Portionen • Die Lage am Echternacher See, die breite Auswahl der Gerichte und faire Preise sprechen für einen Besuch.

Im EBC, 117 rte. de Luxembourg • Tel. 26 72 19 18 • Di–So 11.30–22 Uhr • €€–€

EINKAUFEN
Chocolaterie Pâtisserie Thinnes

▶ grüner reisen, S. 17

SERVICE
AUSKUNFT
Verkehrsverein

Echternach, Porte St-Willibrord (im Hof der Basilika) • Tel. 72 02 30 • www.echternach-tourist.lu

Tourismusverband Region Müllerthal – Kleine Luxemburger Schweiz

Tel. 72 04 57 • www.mullerthal.lu

Ziele in der Umgebung
◎ Beaufort ▸ S. 117, F 4
2000 Einwohner

Anziehungspunkt des Dorfes Beaufort (Befort) ist die sehenswerte Burgruine. Steil führen die Wege vom ansprechend restaurierten Ortskern hinab zum gleichnamigen Château, das im Tal errichtet wurde. Im Norden der Luxemburger Schweiz gelegen, lässt sich von hier aus bequem die nähere Umgebung erkunden. Sei es zu Fuß, per Fahrrad oder im eigenen Fahrzeug.

Von den 50 Wanderkilometern, mit denen die Gemeinde wirbt, beginnt unmittelbar bei der Burgruine der sehr schöne Weg nach Grundhof am Eingang des Müllerthals (Dauer: ca. 1,5 Std.).

14 km westl. von Echternach

SEHENSWERTES
Aleburg

Dass dieses Gebiet schon sehr früh bewohnt war, davon zeugen Ausgrabungen eines keltischen Siedlungsplatzes etwa 1 km von der Burg entfernt auf einem Sporn.

WUSSTEN SIE, DASS ...
... die Waffen im frühen Mittelalter eine so geringe Reichweite hatten, dass Burgen im Tal nicht gefährdet waren?

Burgruine Beaufort

Eine zweite Befestigungsmauer und die noch gut erhaltenen Rundtürme kamen im 16. Jh. hinzu, als eine Burg mit schweren Geschützen gestürmt werden konnte. Im Innenhof können der Cassero und weitere Liköre verkostet und gekauft werden. Ein Naturerlebnispfad beginnt gegenüber der Burg.

Besichtigung tgl. April–Okt. 9–18 Uhr

Schloss Beaufort

Das leider nicht zugängliche Renaissanceschloss liegt gleich neben der Burg. Der österreichische Feldmarschall Hans von Beck, Gouverneur von Luxemburg, legte im 17. Jh. den Grundstein für seinen neuen, komfortableren Wohnsitz im Stil der Renaissance, die Burg verfiel.

ÜBERNACHTEN
Meyer 👫

Für Familien • Großes Hotel mit schönem Garten, Hallenbad und gepflegtem Restaurant.
120, Grand-Rue • Tel. 83 62 62 • www.hotelmeyer.lu • 33 Zimmer • €€

Auberge Rustique

Rustikales Ambiente • Familienbetrieb nahe der Burgruine. Komfortable Zimmer.
55, rue du Château • Tel. 83 60 86 • www.aubergerustique.lu • 8 Zimmer • €€

SERVICE
AUSKUNFT
Verkehrsverein

Beaufort, 87, Grand-Rue • Tel. 83 60 99-301 • www.beaufort.lu

◎ Berdorf ▸ S. 121, E 9
850 Einwohner

Berdorf (Bäerdréf) liegt sehr schön auf einer Hochfläche mitten im Müllerthal. Schon von Weitem ist der wuchtige Kirchturm zu sehen. Die Sommerfrische im Osten der Kleinen Luxemburger Schweiz bietet sich aus mehreren Gründen als Urlaubsstützpunkt an: Sie kann mit einem guten Übernachtungs- und Restaurationsangebot aufwarten und ist von der Hauptstadt mehrmals täglich per Bus erreichbar. Die spektakuläre Felsenlandschaft mit haushohen Sandsteinformationen liegt in unmittelbarer Nähe und kann auch ohne eigenes Fahrzeug schnell erreicht werden. Ringsherum sind herrliche Wanderungen und kurze Spaziergänge möglich, die direkt im Ort beginnen. Nicht nur die Freeclimber-Elite aus Luxemburg, auch aus Belgien und den Niederlanden kommen die Cracks, um an den nahe gelegenen Felswänden zu trainieren. Allerdings ist eine Kletter-erlaubnis erforderlich. Der Ort liegt am Fernwanderweg E 2–E 3, der nach Echternach bzw. Grundhof weiterführt.

6 km westl. von Echternach

SEHENSWERTES

Pfarrkirche

Eine eher schlichte Dorfkirche mit modernen Glasfenstern und großem Mosaikbild im Chor. Das Besondere: Der Altar ruht auf einem Stein aus der Römerzeit, der auf jeder Seite eine Gottheit darstellt: Apollo, Herkules, Juno und Minerva.

SPAZIERGÄNGE

Autofahrern sei 1 km vor Berdorf (von der Ortschaft Müllerthal) empfohlen, den Wagen auf dem Parkplatz bei der Felsformation **Predigtstuhl** in der Kurve abzustellen und sich etwas Zeit zu nehmen, um das Felsenlabyrinth beiderseits der

Straße bei einem Spaziergang zu erleben. Der Weg (beschildert) führt zwischen haushohen Felsspalten hindurch in eine märchenhafte Natur. Die graubraunen Felsen sind wie Baumkuchen aufgeschichtet und von Wind und Wetter mit kleinen Köchern und Rissen versehen. An der Straße Richtung Echternach, 2 km nach Berdorf, findet man einen weiteren Parkplatz, dicht an den Felsen: **Pérekop**. Hier führt in der Felsspalte eine Treppe und anschließend eine Eisenleiter zum Aussichtspunkt hinauf. Zu einer Grotte weist die Beschilderung **Hohllay** am südlichen Ortsrand den Weg. Beim Hotel Pérekop biegt man rechts ab und geht dann wenige Meter durch den Wald (Wanderweg B 1).

Dauer: 30 Min.

ÜBERNACHTEN

Pérekop

Klein, aber fein • Das Hotel liegt 1 km außerhalb von Berdorf. Terrasse mit unverbautem Blick ins Grüne. 89, rue d'Echternach • Tel. 79 93 29 • 22 Zimmer • €€

Bio-Betrieb Baltes Daniel

▸ grüner reisen, S. 17

EINKAUFEN

Hof Schmalen-Brouwer

▸ grüner reisen, S. 18

SERVICE

AUSKUNFT

Tourist Info

Berdorf, 7, rue Laach • Tel. 79 06 43 • www.berdorf.lu

◎ **Bourglinster**   ▸ S. 121, D 10

Das Gebiet um die Orte Bourglinster, Altlinster, Graulinster und Jung-

linster gehört zu den fruchtbarsten Landstrichen der Region. Bourglinster, das schönste der vier »Linsterdörfer«, liegt im waldigen Tal, überragt von der mittelalterlichen Burg. Rundtürmchen und verschiedene Anbauten geben der Anlage aus dem 12. Jh. ihren ganz besonderen Charakter. Die Burg wurde mit großem Aufwand restauriert.
21 km südwestl. von Echternach

ESSEN UND TRINKEN

Châteaurestaurant »La Distillerie«

Exquisite Küche • Die gediegenen Räumlichkeiten der Burg in Bourglinster werden gerne für Bankette und Konferenzen genutzt. Das mittelalterliche Ambiente im Restaurant eignet sich aber auch für ein Dîner im kleinen Rahmen. Weinkenner haben bei dem großen Sortiment die Qual der Wahl.
8, rue du Château • Tel. 7 87 87 81 • So-Abend, Mo, Di geschl. • €€€€

◎ Girsterklaus ► S. 121, F 9

Das Kleinod in schlichter romanischer Bauweise (12. Jh.) liegt am Rande des gleichnamigen Weilers auf einer Anhöhe und kann auch über die Route 1 des Mullerthal Trails erreicht werden.
Girsterklaus ist der älteste Marienwallfahrtsort Luxemburgs. Die Hauptperson, Maria mit Kind (die Darstellung stammt aus dem 14. Jh.), steht im weißen Gewand gekleidet auf dem Barockaltar. Zur großen Prozession im August pilgern Tausende hierher.
Anfahrt: von Echternach nach Rosport Richtung Wasserbillig, im Weiler Hinkel rechts hoch.
10 km östl. von Echternach

MERIAN-Tipp 8

LE BISDORFF ► S. 121, E 9

Abseits im Grünen liegt diese Oase der Ruhe. Alle Zimmer sind individuell eingerichtet. Sylvie Bisdorff führt das Erbe ihres Vaters mit großer Hingabe. Ihre Gäste kommen für sie noch vor ihrer Familie. Vielleicht kennen Sie die gestandene Luxemburgerin bereits, denn sie stellt im Fernsehen regelmäßig ihre Kochkünste unter Beweis. Abends bekocht sie ihre Gäste – natürlich mit luxemburgischen Spezialitäten. Berdorf, 39, rue Heisbich • Tel. 79 02 08 • www.hotel-bisdorff.lu • Restaurant Mo, Di geschl. • 25 Zimmer • €€€

◎ Junglinster ► S. 121, D 10
2350 Einwohner

An der Hauptstraße zwischen der Kleinen Luxemburger Schweiz und Luxemburg-Stadt gelegen, entwickelte sich Junglinster zum Hauptort der Gemeinde, benannt nach den Grafen Linster. Ihre Gräber finden Sie in der **Pfarrkirche**. Die weißroten Langwellensendetürme des Radiosenders RTL auf dem Hügel sind unübersehbar.
Junglinster hat sich in Luxemburg zum Stützpunkt der Ballonfahrer entwickelt. Gutes Wetter, das heißt ein ruhiges Lüftchen, ist die wichtigste Voraussetzung, deshalb beginnen die Fahrten im Sommer vor Sonnenaufgang oder abends, wenn sich die Thermik wieder gelegt hat. Im Winter werden Fahrten auch tagsüber veranstaltet. Mit eingespielten Handgriffen wird die Bal-

Auf einem Felsvorsprung über dem Tal der weißen Ernz erheben sich die Überreste der Burg aus dem 14. Jh., die der Stadt Larochette (▸ S. 70) ihren Namen gab.

lonhülle ausgerollt, mit Luft gefüllt und durch den Brenner erwärmt. Dann müssen die Passagiere hurtig in den Korb klettern, und los geht die Fahrt. Die Welt unter Ihnen schrumpft auf Spielzeuggröße zusammen. Die Richtung, aber auch die Entfernung der gut einstündigen Fahrt bestimmt allein der Wind. Mit An- und Abfahrt ist etwa mit einem halben Tag zu rechnen. Anruf und Terminabsprache mit SkyLines Balloons (Tel. 78 90 75).

18 km südwestl. von Echternach

◎ Larochette   ▸ S. 121, D 9

1850 Einwohner

Das Bild des lebhaften Ausflugsstädtchens Larochette (Fiels) am westlichen Eingang in die Kleine Luxemburger Schweiz wird von der **Burgruine** geprägt. Aus dem Grün der Baumkronen ragen die Mauerreste wie Gerippe, die eine bewegte Vergangenheit bezeugen, gen Himmel. Die Außenmauern bilden scheinbar eine Einheit mit den Felsen, auf dem die erste Burg im 12. Jh. entstand. Seit dieser Zeit wurde die Anlage zu einer der größten Bastionen des Landes ausgebaut, in der in ihrer Glanzzeit bis zu fünf Familien lebten. Sie wurde im 16. Jh. zerstört. Der 1979 restaurierte gotische Wohnturm vermittelt einen Eindruck von der spartanischen mittelalterlichen Wohnkultur. Er ist nicht möbliert, doch Rekonstruktionszeichnungen in der Küche, dem Rittersaal und dem kargen Schlafgemach helfen der Fantasie auf die Sprünge (Ostern–Ende Okt. tgl. 10–18 Uhr). Die **neuromanische Kirche** im Ortszentrum wurde mit außergewöhnlichen Jugendstilfresken des Malers Nikolaus Brücher ausgeschmückt.

23 km westl. von Echternach

SEHENSWERTES
Schloss Meysembourg

Das Schloss liegt ca. 3 km südwestlich, etwas versteckt im Schlosspark, und kann leider nur von außen besichtigt werden. Im Stil der Neorenaissance 1880 vollendet, wird das viel fotografierte Château gerne als Märchenschloss bezeichnet. Baumeister war Charles Arendt, ein einheimischer Architekt. Die Schlosskapelle wird auf das 18. Jh. datiert.

◎ Rosport　▸ S. 121, F 9
680 Einwohner

Der Name der zwischen Wasserbillig und Echternach gelegenen kleinen Gemeinde ist in ganz Luxemburg durch das Mineralwasser gleichen Namens bekannt. Die Sauer wurde in diesem Bereich in den 1960er-Jahren für das neue Wasserkraftwerk aufgestaut. Durch den breiten ruhigen Flussabschnitt konnte der Freizeitwert des kleinen Orts erheblich gesteigert werden. Einen schön gelegenen Campingplatz findet man direkt am Flussufer.

Berühmtester Sohn Rosports war übrigens der Ingenieur Henri Owen Tudor (1859–1928), der hier im Schloss lebte und durch seine Erfindungen auf dem Gebiet der Elektrotechnik (Beleuchtung, Bleiakkumulator) von sich reden machte. Das Schloss der Tudors zählte daher zu den ersten Gebäuden in Europa, die sich durch elektrisches Licht rund um die Uhr auszeichneten. Im Mai 1928 starb Henri Tudor an einer Bleivergiftung, die er sich bei seinen Forschungsarbeiten zuzog. Seit 2009 ist ihm in seiner Heimatstadt Rosport das gleichnamige Museum gewidmet (▸ Familientipps, S. 31). 10 km östl. von Echternach

Müllerthal　▸ S. 121, D 9

Die kleine Ortschaft liegt direkt am Schnittpunkt zweier Routen des Mullerthal Trails und ist ein guter Ausgangspunkt für Wanderungen und Ausflüge in die Kleine Luxemburger Schweiz. Die Reize dieser Landschaft liegen abseits der Straßen entlang der gut beschilderten Wanderwege. Der **Schiessentümpel**, eine kleine Kaskade, über die das Wasser der schwarzen Ernz Noire hinabschießt, erweckt als Postkartenmotiv große Erwartungen, die durch die Nähe der Straße und die bescheidenen Dimensionen schnell enttäuscht werden können. Für den Autofahrer ist dieser Teil des »Mullerthals« der schönste Abschnitt. Zu Fuß kommt man dafür bei einer Tageswanderung Richtung Berdorf/Grundhof an der Keltenhöhle, dem Predigtstuhl, der Ritterhöhle, dem Adlerhorst und anderen markanten Felsgebilden vorbei.

ÜBERNACHTEN/ ESSEN UND TRINKEN
Brimer

Malerische Lage • Inmitten der Kleinen Luxemburger Schweiz gelegen und gut als Ausgangspunkt für Wanderungen geeignet. Grundhof, 1, rte. de Beaufort • Tel. 2 68 78 71 • www.hotel-brimer.lu • Ende Nov.–Ende März geschl. • 25 Zimmer • €

L'Ernz Noire
▸ grüner reisen, S. 17

SERVICE
AUSKUNFT
Touristcenter Heringer Millen

Müllerthal, 1, rue des Moulins • Tel. 87 89 88

Moseltal
Landschaft, Dörfer und der Lebensrhythmus der Winzer werden vor allem vom Weinbau geprägt. Den Besucher erwarten entlang der Luxemburger Weinstraße malerische Orte und natürlich edle Tropfen.

◄ Blick über die Weinberge an der Mosel auf die Winzerorte Wormeldange (▸ S. 80) und Machtum.

Die Mosel bildet auf ihrer immerhin 545 km langen Reise von der Quelle in den Vogesen bis zur Mündung in den Rhein für 42 km die Grenze zwischen Deutschland und dem Großherzogtum Luxemburg.

Dieser Abschnitt ist durch und durch vom Weinanbau geprägt. Die Römer brachten einst die Reben mit in den Norden. Im 18. Jh. noch reichten die Weingärten bis vor die Tore der Hauptstadt. Heute konzentriert sich der Anbau auf die sonnigen Hänge am Moselufer und den Mündungsbereich der Sauer.

Die Luxemburger Winzer haben sich auf trockene Weißweine spezialisiert, die den Vergleich mit den Spitzenweinen Europas nicht zu scheuen brauchen. Wer auf der **Luxemburger Weinstraße** von Dorf zu Dorf fährt, sollte etwas Zeit mitbringen, um die beschaulichen Winzerorte bei einem Bummel durch die alten Gassen zu entdecken. Sie alle liegen zu Füßen der Weingärten, die durch Wanderwege gut erschlossen sind. Und »Pröbeln« ist in fast jedem Ort das ganze Jahr hindurch möglich.

Die Mosel gehört weder zu Deutschland noch zu Luxemburg, sie gehört beiden Ländern zu gleichen Teilen. So zumindest sah es 1816 das Vertragswerk vor. Empfehlenswert ist eine Fahrt mit dem Ausflugsboot auf der Mosel. In aller Ruhe kann man so die Landschaft genießen – wer mit dem Restaurantschiff »Princesse Marie-Astrid« (▸ MERIAN-Tipp, S. 75) unterwegs ist, kann auch die erlesenen Gerichte genießen, die an Bord kredenzt werden.

Grevenmacher ▸ S. 121, E/F 10

4500 Einwohner

Hochburg der Luxemburger Weinproduktion, so präsentiert sich der Moselort Grevenmacher (Gréiwemaacher), in dessen Genossenschaftskellerei die Trauben zu edlen Tropfen heranreifen. In der größten privaten Weinkellerei Bernard-Massard wird ein Großteil der Produktion zu Schaumwein und Crémant weiterverarbeitet. In der »Hauptstadt der Mosel« geht es oft feucht-fröhlich zu, so beispielsweise am Freitag nach Ostern zum Weinmarkt und am zweiten Septemberwochenende, wenn das Traubenfest mit der Luxemburger Weinkönigin gefeiert wird.

Während des gallo-römischen Reichs war der Ort, am Rande der Handelsstraße Metz–Trier gelegen, ein wichtiger Stützpunkt, wie Grabfunde aus dem 2. Jh. (2 km außerhalb an der N 1) belegen. Von der Stadtbefestigung aus dem Mittelalter blieb nur wenig erhalten (in der kurzen Fußgängerzone). Grevenmacher liegt an der Luxemburger Weinstraße, die sich von Wasserbillig im Norden bis Schengen im Süden erstreckt. Die Straße verläuft fast immer parallel zur Mosel am Fuß der Weinberge entlang. Ausflüge können Sie von

Grevenmacher aus auch mit dem Boot unternehmen, zum Beispiel über die Grenze nach Trier.

Wanderwege durch die Weingärten mit großartiger Aussicht über die Mosel führen in die Nachbarorte **Machtum, Ahns** und **Wormeldange**. Im Touristenbüro gibt es ausführliche Beschreibungen zu den verschiedenen Wegen. Die Schiffe müssen auf dem kurzen Abschnitt durch das Großherzogtum zwei Staustufen überwinden. In Grevenmacher gibt es eine Brückenverbindung nach Deutschland.

SEHENSWERTES
Caves Bernard-Massard

In der größten privaten Weinkellerei Luxemburgs wird seit 1921 ein Großteil der Reben zu Schaumwein und Crémant nach der »Méthode Champenoise« verarbeitet. Auf einer Führung durch die Lagerstätte wird dem Besucher der lange Weg von der Traube bis zum edlen Tropfen erläutert.
Route du Vin (Hauptstraße an der Mosel) • April–Okt. tgl. 9.30–17 Uhr

Genossenschaftskellerei (Caves Coopératives)

Die Winzer haben sich in einer Genossenschaft zusammengeschlossen, um wettbewerbsfähig zu sein. Besucher sind zu Führungen durch die Weinkellerei eingeladen.
Rue des Caves • Mai–Aug. Mo–Sa 9–12 und 13–18 Uhr

Kulturhistorischer Rundgang

Der »Kulturhistorische Rundgang durch die alte Festungsstadt« sowie der »Wein- und Erlebnispfad Kelsbaach« sind eine gute Empfehlung. Infobroschüren im Touristenbüro.

Schmetterlingsgarten/ Jardin des Papillons 👫🎋
▶ MERIAN-Tipp, S. 31

MUSEUM
Druck- und Spielkartenmuseum Jean Dieudonné

In den Räumlichkeiten sind die alten Druckmaschinen wieder im Einsatz. Die Ausstellung zeigt die Entwicklung in Luxemburg von 1850 bis 1950. Wer sich für Spielkarten interessiert, findet hier eine große Sammlung. Das Kulturhuef beherbergt zudem ein Kino und ein Bistro.
54, rue de Trèves • www.kultur huef.lu • tgl. außer Mo 14–18 Uhr • Eintritt frei

ÜBERNACHTEN
Simon's Plaza

Modernes Ambiente • Großes Hotel mit Vier-Sterne-Komfort. Im Restaurant wird französische Küche aufgetischt.
7, Potaschberg • Tel. 26 74 44 • www. simons-plaza.com • 36 Zimmer • €€

ESSEN UND TRINKEN
Pâtisserie Henri Schumacher

Ausgezeichneter Kuchen • Probieren Sie den »gâteau Jean Monnet«, er wurde von der EU preisgekrönt.
3, Grand-Rue (Fußgängerzone) • €€

Romain

Mitten im Zentrum • Pizzeria in der Fußgängerzone.
7, rte. de Thionville • Tel. 75 01 07 • tgl. außer Mo • €

EINKAUFEN

Weine direkt vom Produzenten bekommt man in der Sekt- und Weinkellerei **Bernard-Massard** und der **Genossenschaftskellerei**.

SERVICE

AUSKUNFT

Verkehrsverein

Grevenmacher, 10, rte. du Vin
(nahe der Mosel) • Tel. 75 82 75 •
www.grevenmacher.lu

Ziele in der Umgebung

◎ Mertert   ▸ S. 121, F 10

1300 Einwohner

Das kleine Städtchen liegt am Ober-
lauf der Mosel nahe der Landesgrenze. Es ist Ausgangspunkt für Wanderungen entlang der Schlucht der Syr
und in die Weinberge.

Ein spannender Lehrpfad informiert
über Flora, Fauna und die Wassermühlen (Broschüre im Fremdenver-
kehrsamt Grevenmacher erhältlich).
Im Weiler Wald wurden Reste eines
gallo-römischen Friedhofs ausge-
graben.

4 km nordöstl. von Grevenmacher

◎ Wasserbillig   ▸ S. 121, F 10

2300 Einwohner

Wasserbillig (Waasserbëlleg) liegt
unmittelbar an der Landesgrenze,
die durch den Zusammenfluss von
Sauer und Mosel gebildet wird und
ist mit 130 m ü. NN der tiefste Punkt
des Landes. Hier beginnt bzw. endet
die Luxemburger Weinstraße. Der
Ort blickt auf eine lange Vergangenheit zurück. Unter dem Namen
Biliacum war er zur Römerzeit eine
wichtige Zwischenstation und Brü-
ckenübergang auf der Strecke nach
Trier. Aus dieser Zeit (1. Jh. n. Chr.)
stammt das **Römische Gemein-
schaftsgrab** etwas außerhalb auf der
Hochfläche.

Ein interessantes Aquarium gibt es
an der Promenade de la Sûre (www.
wasserbillig.lu).

5 km nordöstl. von Grevenmacher

Mondorf-les-Bains

3540 Einwohner   ▸ S. 121, D 12

Der Kurort liegt 13 km abseits der
Mosel unmittelbar an der Grenze zu
Frankreich. Die gut bestückten Lä-
den haben durch die Einkaufstouris-
ten entsprechend Hochkonjunktur.

Mit der Entdeckung der beiden Heilquellen **Kind** und **Marie-Adélaide**
wurde Mondorf zum Bad erhoben.
Seitdem kommen die Kurgäste, um
Leber und Galle zu heilen, ihr Rheu-
ma auszukurieren oder ihre Magen-
und Darmstörungen zu lindern. In
dem Kurpark kann man zwischen
Blumen und Bäumen spazieren ge-
hen, auf den kleinen Wasserläufen
rudern oder auf dem angrenzenden
Tennisplatz seine Ausdauer testen.

Während die Heilquellen bei 24 °C
sprudeln, wird das Thermal-
schwimmbad auf Badewannentem-
peratur aufgeheizt. Saunafans ist das
Thermarium zu empfehlen. Soll es
ein römisches Schwitzbad bei 65 °C
sein oder ein türkisch-osmanisches
Bad bei 55 °C? Wem das nicht den

MERIAN-Tipp   9

PRINCESSE MARIE-ASTRID

Auf dem eleganten Ausflugsschiff
werden Schlemmerfahrten angeboten, dabei fährt das Boot von
Wasserbillig bis hinunter nach
Schengen und zurück. Sie können
aber auch mitfahren und nur ein
Glas Wein trinken.

Nahe gelegene Ausflugsziele sind
Trier, Bernkastel und Saarburg.

www.marie-astrid.lu • www.
moselle-tourist.lu • Information
beim Verkehrsverein • €€ plus
Fahrpreis

Schweiß aus den Poren treibt, der kann es in der traditionellen finnischen Sauna bei 80°C versuchen. Warum das Schönheitsbad Bijin Yu nur den Damen vorbehalten ist, bleibt zu ergründen – würde der Männerwelt eine Schönheitskur im japanischen Bad nicht auch gut tun? Zum Abschluss gibt es noch eine sanfte Körpermassage in der Tropenregen-Massage-Pagode!

SEHENSWERTES
St.-Michaels-Kirche

Von außen eher unscheinbar, überrascht die Innenausschmückung, die zu den prachtvollsten Barock- und Rokokobeispielen des Landes gehört. Die Kirche wurde 1764 auf dem Hügel am Rande der Stadt erbaut und üppig mit Fresken ausgestattet.

ÜBERNACHTEN
Parc Hôtel

Entspannung pur • Wer seinem Körper etwas Gutes tun möchte und sich auf Baden, Wellness und Fitness eingestellt hat, ist hier bestens aufgehoben.
Domaine Thermal, Av. Dr. Feltgen • Tel. 23 66 60 • www.mondorf.lu • 113 Zimmer • €€€€

Casino 2000

Für Spieler • Großzügige Anlage, ausgezeichnetes Restaurant und komfortable Zimmer.
Rue Th. Flammang • Tel. 23 61 11 • www.casino2000.lu • 31 Zimmer • €€€

Du Grand Chef

Für Nostalgiker • Ein Vier-Sterne-Hotel mit dem Charme vergangener Tage, so richtig zum Relaxen.

36, av. des Bains • Tel. 23 66 80 12 • www.grandchef.lu • 40 Zimmer • €€€

ESSEN UND TRINKEN
De Jangeli

Essen mit allen Sinnen • Vom Fünf-Gänge-Menü bis zur kalorienarmen Kost reicht das Angebot der kreativen Köche.
Domaine Thermal, Av. Dr. Feltgen • Tel. 23 66 60 • €€€€

Les Roses

Sternerestaurant • In freundlichem Ambiente wird exzellente französische Küche serviert.
Rue Th. Flammang • Tel. 26 61 11 • €€€

SERVICE
AUSKUNFT
Verkehrsverein

Mondorf-les-Bains, 26, av. des Bains • Tel. 66 75 75

Remich ▸ S. 121, E 11
3300 Einwohner

An der Europastraße E 29 Luxemburg–Saarbrücken gelegen, hat sich Remich (Réimech) zum quirligsten Fremdenverkehrsort auf der Luxemburger Moselseite gemausert. Nirgendwo anders gibt es so viele Restaurants wie hier. Vom Ufer klingen die Schiffsglocken herüber, die Urlauber zu einer Moselrundfahrt animieren sollen. Entlang der Esplanade können Sie kilometerweit am Ufer der Mosel flanieren oder den Motorflitzern zusehen, wie sie zwischen den Frachtern manövrieren. Erst in den schmalen Gassen des alten Weinortes, die sich in zweiter Reihe den Hang hinaufziehen, wird es ruhiger. In diesem Teil Remichs

Im Kurpark von Mondorf-les-Bains (▶ S. 75), hier mit Blick auf die Orangerie, wandelt der Besucher zwischen Blumenpracht und Bäumen.

gelangt man von der Esplanade u. a. durch das ehemalige Stadttor **St. Nicolas** neben dem gleichnamigen Hotel. Die Ursprünge des Winzerstädtchens reichen bis in die Römerzeit zurück, als »Remacum« ein wichtiger Handelsplatz war. Der romanische Glockenturm der Dekanatskirche wurde im 12. Jh. auf römischen Fundamenten errichtet. Am anderen Ufer der Mosel wurde im deutschen Weinort **Nennig** das größte römische Fußbodenmosaik Nordeuropas freigelegt.

Wesentlich ruhiger geht es in den kleinen Moseldörfern weiter südlich zu, beispielsweise in **Bech-Kleinmacher**, wo ehemalige Winzerhäuser als Museum eingerichtet wurden, oder in **Schwebsange**, das sich am Fuß der Weinberge erstreckt.

WUSSTEN SIE, DASS ...

... Luxemburg gerade mal so groß ist wie das benachbarte Saarland, bei einem Drittel von dessen Einwohnerzahl?

SEHENSWERTES
Caves St. Martin

Bei dem großen Schaumweinproduzenten Luxemburgs lagern die Spitzenprodukte im Weinkeller, der 1920/21 tief in den Berg geschlagen wurde. Die spezielle Rezeptur, die den Wein in einen perlenden Sekt verwandelt, ist ein streng gehütetes Geheimnis. Bei einer Führung werden die verschiedenen Produktionsschritte erklärt. Sektprobe inklusive.
www.cavesstmartin.lu • April–Okt. tgl. außer Mo 10–12 und 13.30–17 Uhr

Gallo-römische Siedlung
▶ S. 121, D 12

Der Archäologische Park mit der römischen Siedlung, dem Theater und dem Adlerdenkmal wirft ein ganz neues Licht auf die Besiedlung der Römer in Luxemburg. Es lag an der wichtigsten Verbindung vom Mittelmeer über Echternach zum Rhein und zeugt von der kulturellen Blüte im 1. Jh. n. Chr. Das Theater für über 3500 Besucher wird als Meisterwerk ersten Ranges eingestuft. Das Theater befindet sich in Dalheim, das Adlerdenkmal etwas außerhalb an der N 13.
www.ricciacus.lu
10 km westl. von Remich

MUSEUM
Wein- und Folkloremuseum A Possen

Das private Museum, eingerichtet in einem 350 Jahre alten Winzerhaus, gibt einen Einblick in den Alltag der Winzer.
Bech-Kleinmacher, südl. von Remich, 1, rue Aloyse Sandt • Mai–Okt. tgl. außer Mo 11–19, Nov.–April Fr–So 11–19 Uhr • Eintritt 5 €, Kinder 2,50 €

ÜBERNACHTEN
Hôtel du Château de Schengen

Hotel mit Charme • Ein Ort zum Wohlfühlen mit allem Komfort. Seit 2010 komplett auf Nichtraucher umgestellt.
2, beim Schlassl • Tel. 23 66 38 • 39 Zimmer, 14 Suiten • €€€

De l'Esplanade

Zimmer mit Moselblick • Lang gestrecktes dreistöckiges Haus im Zentrum.
5–7, Esplanade • Tel. 23 66 91 71 • www.esplanade.lu • 18 Zimmer • €€

Des Vignes

Ruhige Lage • Modernes Drei-Sterne-Hotel, Terrassen- und Balkonzimmer mit Blick auf die Weinberge.
29, rte. de Mondorf • Tel. 23 69 91 49 • www.hotel-vignes.lu • 23 Zimmer • €€

La Forêt

Stilvolles Haus • Zimmer zwischen Klassik und Moderne. Gediegenes Ambiente in dem halbrunden Speiseraum.
36, rte. de l'Europe • Tel. 23 69 99 99 • €€

ESSEN UND TRINKEN

Lokale Spezialität in Remich sind die frittierten Moselfische, die in den meisten Restaurants auf der Speisekarte stehen.

Lohengrin

Verschiedene Menüs • Gepflegtes Restaurant des Hotels St. Nicolas.
31, Esplanade • Tel. 2 66 63 • €€€

Pavillon St. Martin

Tolle Aussicht • Auf der schönsten Terrasse weit und breit sitzen Sie trotz der nahe gelegenen Straße sehr angenehm mit Blick auf die Mosel.

53, rue de Stadtbredimus • Tel. 23 66 91 02 • www.pavillonstmartin.com • €€€

SERVICE
AUSKUNFT
Verkehrsverein
Remich, Esplanade • Tel. 23 69 84 88 • www.remich.lu

Ziele in der Umgebung

◎ **Remerschen** ▸ S. 121, E 12
650 Einwohner
Die Weinreben reichen bis an den beschaulichen Winzerort heran. Dass es hier auch eine Weinkellerei gibt, versteht sich von selbst. Die Ortschaft ist geprägt durch Gebäude des Architekten François Valentiny. Die romanische Kirche wurde 1766 im derzeit modernen Barock angebaut. Von Remerschen können Sie über die Weinstraße nach Wintrange und Schwebsange weiter nach Remich fahren. In anderer Richtung steigt die Straße steil an und windet sich durch die Weinberge. Zum Radfahren anstrengend, doch der Blick entschädigt für die Mühen.
8 km südl. von Remich

◎ **Schengen** ▸ S. 121, E 12
560 Einwohner
Der Winzerort im Dreiländereck bildet den Auftakt der Luxemburger Weinstraße. Er ist durch das Schengener Abkommen bekannt. Auf dem Ausflugsschiff »Princesse Marie-Astrid« (▸ MERIAN-Tipp, S. 75) hatten sich am 14. Juni 1985 die Regierungsvertreter der Beneluxstaaten, Frankreichs und Deutschlands darauf geeinigt, an ihren gemeinsamen Grenzen keine Ausweispapiere mehr zu kontrollieren. Von der Moselbrücke bietet sich der beste Blick auf den Weinort, der von seinem mittelalterlichen **Burgturm** überragt wird. Berühmtester Gast des klassizistischen Schlossneubaus war der französische Dichter Victor Hugo. Dessen Zeichnung vom Château ziert heute die Weinflaschen des Weinguts »Domaine Thill Frères«.
12 km südl. von Remich

MUSEUM
Musée Européen Schengen
Anlässlich des 25. Jubiläums des Schengener Abkommens entstand 2010 das Europäische Museum Schengen. Die Themenblöcke vermitteln grundlegendes Wissen über die Region, Europa und die Grenzgeschickte. Mitmachelemente für Kinder ergänzen die Angebote.
Rue Robert Boebbels • www.schengenmuseum.lu • Di–Fr 10–17, Sa, So 14–17 Uhr

◎ **Stadtbredimus** ▸ S. 121, E 11
Ganze Busladungen kann die Weinstube La Tourelle in dem großen runden Turm des restaurierten Schlosses aufnehmen. Hier sitzt man beim »Pröbeln« an der Quelle. Im Schloss hat die vereinigte Winzergenossenschaft »Vinsmoselle« und die Weinbruderschaft »St. Kunibert« ihren Sitz. Im letzten Jahrhundert wohnte hier der Nationaldichter Dicks alias Edmond de la Fontaine.
3 km nördl. von Remich

◎ **Wellenstein** ▸ S. 121, E 12
450 Einwohner
Etwas abseits der Mosel, nahe Remich, liegt dieses typische Winzerdorf in den Weingärten. Die Bewohner wurden mit der Plakette »Unser

Dorf soll leben« für ihr gelungenes Engagement ausgezeichnet, den ursprünglichen Charakter zu bewahren.

Die größte Genossenschaftskellerei des Landes, in der bis zu 10 Mio. Liter Wein lagern, kann besichtigt werden. Der Verkehrsverein vermittelt Ferienwohnungen in ehemaligen Winzerhäusern des 16. Jh., die durch den Einbau von Küche und Bad modernen Komfort erhielten.

4 km südl. von Remich

Wormeldange ▶ S. 121, E 11

2370 Einwohner

Inmitten der Weinberge liegen vier typische Winzerorte – Wormeldange, Ahn, Machtum und Ehnen – dicht beieinander, und jeder hat seinen eigenen Charakter bewahrt. Wormeldange (Wuermeldéng) ist der Hauptort der Gemeinde. Steil führt die Straße nach Wormeldange Haute – dem oberen Ortsteil – hinauf, von wo aus sich das Moseltal weit überblicken lässt. Auf dem **Koeppchen**, dem höchsten Weinberg mit der markanten St.-Donat-Kapelle, wachsen die Rieslingtrauben, aus denen Spitzenweine wie der »Grand premier cru« gekeltert werden. So bezeichnet sich die Winzergemeinde zu Recht als »Hauptstadt des Riesling«.

Hoch über dem 250 Einwohner zählenden **Ahn** bietet sich vom Palmberg ein weites Moselpanorama. Bei einem Bummel durch die Gassen des etwas größeren **Ehnen** spürt man deutlich die Atmosphäre dieses alten Winzerortes. **Machtum** bietet mit seiner Lage in der Moselschleife und den Häusern genau das, was man sich unter einem gemütlichen Weindorf vorstellt.

Wenn Sie durch die angrenzenden Weingärten den Hang hinaufsteigen, haben Sie einen großartigen Blick über die Mosel bis weit nach Deutschland. In Wormeldange gibt es eine Brückenverbindung nach Rheinland-Pfalz.

SEHENSWERTES
Rundkirche

Die einzige Rundkirche des Landes finden Sie mitten im gemütlichen Winzerdorf Ehnen, eingezwängt zwischen schmalen Häusern.

Weinkellerei (Crémantkellerei Poll-Fabaire)

Hier lagern bis zu 3 Mio. Liter Wein, darunter hervorragende Lagen. Die geführte Besichtigung der Genossenschaftskellerei schließt mit einer Verkostung ab.

Route du Vin • April–Aug. Mo–Fr 11–20, Sa 11–18, sonst Sa/So 10.30–20 Uhr

MUSEUM
Weinmuseum Ehnen

Eingerichtet wurde das Museum in dem ehemaligen Gut eines wohlhabenden Weinbauern. Die unzähligen Exponate vermitteln einen guten Einblick in die beschwerliche, aber auch vielseitige Arbeit der Weinbauern vergangener Tage.

Dazu gehört auch die Schmiede mit ihren vielen Gerätschaften, das Eichamt, die Kelterei und Küferei. Im kleinen Musterweinberg hinter dem Haus wachsen die verschiedenen Rebsorten nebeneinander. Dass zum Abschluss eine Weinprobe gereicht wird, versteht sich von selbst.

115, rte. du Vin, Ehnen • April–Okt. tgl. außer Mo 9.30–11.30 und 14–17 Uhr • Eintritt 3,50 €, Kinder 1,50 €

SPAZIERGANG

Ein sehr schöner **Weinlehrpfad** führt von der Weinkellerei in Wormeldange (nützliche Infobroschüre in der Weinkellerei erhältlich) den Weinberg hinauf bis zur St.-Donat-Kapelle auf dem Koeppchen. Großartige Ausblicke über die Mosel. Dauer: ca. 1 Std.

ÜBERNACHTEN/ ESSEN UND TRINKEN

Simmer

Traditionsreich • Das Hotel-Restaurant befindet sich in einem wunderschönen Haus aus dem letzten Jahrhundert. Zu den Stammgästen gehören auch die Mitglieder der großherzoglichen Familie. Die Hotelzimmer liegen teilweise in einem modernen Anbau.
Ehnen, 117, rte. du Vin • Tel. 76 00 30 • www.hotel-simmer.lu • 15 Zimmer • €€€

Auberge Koeppchen

Familiär • Kleiner Familienbetrieb in Wormeldange-Haute. Das Hotel-Restaurant ist bekannt für seine gute und günstige Küche.
9, Berreggaass • Tel. 7 60 04 61 • 5 Zimmer • €€

Bamberg's

Überregional bekannt • Altehrwürdiges Hotel mit bekanntem Restaurant. Modernisierte Zimmer. Auf der Speisekarte stehen Luxemburger Traditionsgerichte.
Ehnen, 131, rte. du Vin • Tel. 76 00 22 • E-Mail: bamberg@pt.lu • 12 Zimmer • €€

SERVICE

AUSKUNFT

Regionaler Tourismusverband Luxemburger Mosel

115, rte. du Vin • Tel. 75 84 12 • www.visitmoselle.lu

Jedes Jahr im Juli wird auf dem Dorfplatz des Winzerörtchens Wellenstein (▶ S. 79) die Kirmes gefeiert: mit Musik, Tanz, Speis und Trank und einem Trödelmarkt.

Der Süden Industrieschlote im Grünen und
architektonische Prachtfassaden wechseln sich im Süden
ab. Esch-sur-Alzette, die zweitgrößte Stadt des Landes,
hat einen neuen Charakter bekommen.

◄ Eine Attraktion in Esch-sur-Alzette
(▸ S. 83) sind die an Stahlmasten ange-
brachten Lichtsegel.

Rauchende Kamine kennzeichnen
auf den ersten Blick den Süden Luxemburgs. Mitte des letzten Jahrhunderts sicherte die Entdeckung
der Eisenerzvorkommen dem gerade unabhängig gewordenen Länd-
chen das wirtschaftliche Überleben.
Bis an die siebte Stelle der Eisen-
und Stahlproduzenten arbeitete sich
das kleine Luxemburg bei der großen Konkurrenz inzwischen vor, aus
Ackerland wurden Industriestand-
orte, aus ehemals ärmlichen Dörfern
wurden in Kürze wohlhabende Orte.
Esch-sur-Alzette wuchs explosions-
artig zur zweitgrößten Stadt des Landes, die sie heute noch ist. Die Auf-
träge für die Stahlindustrie kamen
aus Deutschland, die Arbeiter wurden in Italien, Frankreich, Portu-
gal und Belgien angeworben. Doch
dann geriet in den 1970er-Jahren die
Stahlindustrie in die Krise, und die
Menschen im »Land der roten Erde«
fielen in eine tiefe Depression. Inzwischen haben sie sich neu orien-
tiert – neue Wirtschaftsstandorte
wie z.B. Esch/Belval wurden geschaffen, man hat auf Dienstleistun-
gen umgestellt und sich für den Tourismus geöffnet.
Das »Ruhrgebiet Luxemburgs« hat
dem Urlauber einiges zu bieten: die
Museumsgrube in Rumelange, eine
Fahrt mit nostalgischen Dampfloko-
motiven in Fond-de-Gras und das
Naherholungsgebiet Gaalgebierg
und Ellergronn. Darüber hinaus gibt
es eine Vielzahl von architektonischen Prachtfassaden in Esch-sur-
Alzette, die aus der Zeit des wirtschaftlichen Aufschwungs stammen.

Norden

Region
Müllerthal

Süden

Luxemburg-
Stadt

Moseltal

Esch-sur-Alzette

▸ S. 120, A 12

30 000 Einwohner
Stadtplan ▸ S. 85

Die über 1 km lange Rue de l'Alzette
kann sich rühmen, die längste und
modernste Fußgängerzone im Großherzogtum zu sein. Sie führt vom
neuen Friedensgericht und dem Rathaus bis hin zum nationalen Wider-
standsmuseum an der Place de la
Résistance.
Die schmucken Hausfassaden im
Zentrum sind vom Ruß vergangener
Zeiten befreit, und alte Industrie-
bauten werden gerade zum neuen
Wirtschafts- und Wissenszentrum
der Großregion ausgebaut. Obwohl
Esch älter ist als Luxemburg, hat die
Stadt den Sprung zur Landeshauptstadt trotz aller Anstrengungen nie
geschafft. 1287 bekam das Dorf an
der Alzette seinen Freiheitsbrief und
damit einen eigenen Gerichtshof –
der **Gaalgebierg** erinnert daran.
1311 entstand die ellipsenförmige
Stadtmauer. Der Aufschwung be-
gann 1838 mit der Entdeckung der
Eisenerzvorkommen. Die notwen-
dige Erweiterung Eschs gestaltete
der deutsche Stadtplaner Josef Stub-
ben: Er legte Wert auf Wohnqualität
(die Sonne sollte auch die Hinter-
höfe erreichen) und berücksichtigte

Möglichkeiten zur Naherholung auf dem Galgenberg. Die neureichen Bürger stellten durch schmucke Hausfassaden ihren Wohlstand ganz offen zur Schau. So entstand eine kosmopolitische Architektur, die man nirgendwo anders im Lande antrifft.

Am Rande der Stadt qualmen auf Belval noch die Schlote des größten Hüttenwerkes, heutzutage allerdings ein umweltfreundlicher Elektrohochofen. Auf den ehemaligen Industriebrachen entsteht nun ein hypermodernes Stadtviertel mit eigenem Bahnhof und dem Campus der Uni Letzebuerg. Dort ist auch die populäre Rockhal, das Zentrum für Rock- und Popmusik, beheimatet (www.rockhal.lu).

SEHENSWERTES

Ehemalige Wohnviertel der Grubenarbeiter ▸ S. 85, a 1–2, a 4

Eine Grubengesellschaft aus Gelsenkirchen hatte Konzessionen für den Erzabbau erhalten und investierte kräftig in der Stadt. Für ihre Grubenarbeiter baute sie Wohnungen im Einheitsstil. Zu sehen sind diese z. B. in der Rue de l'Usine oder Rue Léon Weirich.

Herz-Jesu-Kirche ▸ S. 85, a 4

Durch die besondere Architektur der ökomenischen Kirche, die in den Jahren zwischen den Kriegen entstand, wurde das Kreuz in die Senkrechte übertragen. Dies fällt sowohl bei der zurückgesetzten Fassade als auch im Kircheninneren auf. Der hohe schlichte Raum ist auf den Altar und das große Mosaik ausgerichtet, das Jesus mit einem riesigen Herz darstellt.
Rue Z. Bernard

Passerelle ▸ S. 85, c 3

Die 21 m hohe Fußgängerbrücke am Bahnhof wurde erst 2009 eingeweiht und soll den Eschern einen leichteren Zugang zu ihrem Stadtpark auf dem Gaalgebierg ermöglichen. Nachts ist die Brücke beleuchtet (weiß, wenn geöffnet, rot, wenn geschlossen) und ist somit leicht von Weitem zu erblicken.

Rathaus ▸ S. 85, c 2

Das interessante Gebäude (1935–1937) repräsentiert den Aufschwung der Stadt nicht nur durch seine Größe, sondern auch in der Verzierung der Fassade: Im Dachgiebel halten die Grubenarbeiter das Stadtwappen (ehemaliger Stadtturm), rechts davon sind die Industrieschlote und links der erwirtschaftete Wohlstand symbolisch dargestellt. Darunter steht der Wahlspruch der Luxemburger. Die acht Flachreliefs verdeutlichen die verschiedenen Berufssparten.

Rue de l'Alzette Nr. 55–67 ▸ S. 85, b 3

Haus Nr. 55 repräsentiert eindrucksvoll den Baustil Art déco aus den 1930er-Jahren. Als Kontrapunkt zum Jugendstil wurden die Dekorationen auf das Wesentliche reduziert, die Rosetten sind nur noch mit Mühe als Blumen zu erkennen. Zwei Geschäfte existierten hier unter einem Dach: links eine Apotheke und rechts ein Schuhgeschäft, das durch eine Venus mit Bubikopf, die sich einen Schuh zubindet, angedeutet wird.

Nebenan vereint das neugotische Gebäude Haus **Nr. 57** (1907) alle Elemente der Gotik, bis hin zur Schriftrolle, die seinerzeit den Kathedralen als Dekoration vorbehalten war. Die anschließenden **Häuser Nr. 59** und **61** zeigen durch ihre Ziegelbauweise die Fortschrittlichkeit der Hauseigentümer. Ziegelsteine konnten erstmals industriell als Massenware hergestellt werden, womit ein schnelleres Bauen möglich war. Der Giebel von Haus Nr. 61 spiegelt die Ideen des katalanischen Architek-

ten Antoni Gaudí wider, die Gotik zu modernisieren.

Schlassgoart & Berwartturm

▶ S. 85, c 1

Geschickt hat Gottfried Böhm den Eingangsturm des ehemaligen Schlosses Berwart in die moderne Architektur des postmodernen Gebäudes (1992) integriert. Der Kölner

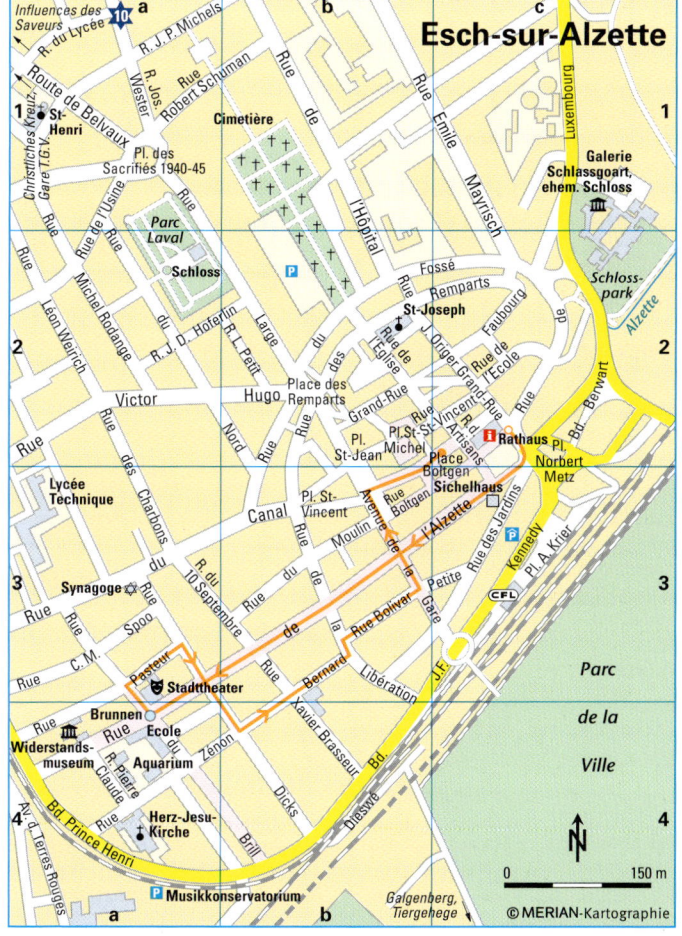

Architekt hatte bereits das Gebäude der Deutschen Bank in der Hauptstadt geplant und erhielt 1995 den Europäischen Preis für Stahlbauten. Im großen Glaskomplex residieren u. a. der Stahlkonzern ARCELOR-MITTAL und das Forschungszentrum Henri Tudor.

66, rue de Luxembourg

St.-Joseph-Kirche ▶ S. 85, b 2

Von 1873 bis 1877 gebaut, wurde die neugotische Kirche 1992 zum nationalen Monument erklärt. Architekt war kein Geringerer als Charles Arendt. Die Pläne wurden vom französischen Architekten und weltweiten »Vater der Neugotik« Violet le Duc gutgeheißen. In der Fassade finden Sie deutlich die Dreiteilung wieder, bis hin zur Rosette, die mit zwölf Elementen ein Vielfaches davon ist.

Rue d'Eglise

Tiergehege ▶ S. 85, südl. c 4

Neben dem Campingplatz Gaalgebierg liegt die Escher Arche Noah, wo zahlreiche Rehe, Ziegen, Gänse, Fasanen und Hochlandrinder leben. So erlaubt dieser Park seit 1962 den Eschern, in der Nähe ihres Stadtzentrums meist einheimische Tiere in einer fast natürlichen Umgebung kennenzulernen.

Eintritt frei

MUSEEN

Besucherzentrum Ellergronn und Cockerill-Grube ▶ S. 85, südl. a 4

Um den Besuchern den einzigartigen Charakter des Naturschutzgebietes **Ellergronn** näherzubringen, hat die nationale Gewässer- und Forstverwaltung mehrere Naturlehrpfade im Süden von Esch eingerichtet. Ausgangspunkt ist das Besucher-

zentrum Ellergronn, das in den Räumlichkeiten der ehemaligen Cockerill-Grube untergebracht ist.

Auf dem Gelände befindet sich ebenfalls eine einzigartige, von ehemaligen Grubenarbeitern zusammengetragene Sammlung von Arbeitsgeräten, Alltagsgegenständen, Fotos und Dokumenten aus der aktiven Grubenzeit. Verpassen Sie nicht das sich im Gebäude befindliche Restaurant An der Schmëdd oder das benachbarte Café-Restaurant Am Zechenhaus.

Grubenmuseum • tgl. 8–12 Uhr • Eintritt frei

Nationales Museum des Widerstandes ▶ S. 85, a 4

Das Museum beherbergt eine Dauerausstellung über den Zweiten Weltkrieg. Ein Großteil der Exponate widmet sich der Widerstandsbewegung.

Place de la Résistance • Mi–So 14–18 Uhr • Eintritt frei

SPAZIERGANG

Stadtplan ▶ S. 85

Durch seine bewegte kosmopolitische Vergangenheit kreuzen sich heute viele Stilrichtungen in Esch: Jugendstil inspiriert durch die »École de Nancy«, italienischer Liberty, deutscher Eklektizismus, französische Neogotik, Art déco, Funktionalismus und Postmoderne. Der Häuserschmuck hat nicht nur einen ästhetischen Stellenwert, er ist auch ein Spiegelbild moralischer und ethischer, kultureller und religiöser Werte. Bei einem Spaziergang lässt sich das architektonische Erbe der Stadt entdecken. Der Ausgangspunkt des 5 km langen Weges ist der **Berwartturm** (1763), ehemaliges Tor zum Barockschloss (1721),

Die reich verzierten Kapitelle in der neugotischen St.-Joseph-Kirche (▶ S. 86) in Esch-sur-Alzette lassen den Blick nach oben schweifen.

das 1954 zerstört wurde. Der Rundgang führt durch die Emile Mayrisch Straße am gleichnamigen Platz (1930) entlang, vorbei an der **Del'héicht Grundschule** (1916) und am **städtischen Krankenhaus** (1925–1930) bis in die Rue du Fossé. Vom Lycée des Garçons (Gymnasium, erbaut 1909) geht es weiter bis zur **St. Joseph-Kirche** (1837) und dort hinunter zum **Rathaus** (1935–1937), bevor man in die Rue d'Alzette kommt. Ihr folgt man bis zur **Brillschule**, dann geht man über die Rue Zénon Bernard, wo sich ein Wohnhaus im **Liberty-Stil** befindet, das von einem reichen italienischen Einwanderer errichtet wurde (1905), und der **Herz-Jesu-Kirche** (1931) zurück zur Place de la Résistance zum **Museum des Luxemburger Widerstandes** (1956). Von hier aus geht es durch die Rue Zénon Bernard über die Rue de la Libération in die Rue Simon Bolivar und über die Avenue de la Gare in die Rue Boltgen zurück zum Ausgangspunkt.
Dauer: 1,5 Std.

Naturlehrpfad »Natura 2000«

▶ S. 85, südl. a 4

Der 12 km lange Pfad ist Teil des europäischen Wanderwegnetzwerkes, dessen Ziel es ist, die Artenvielfalt auf dem Gebiet der Europäischen Union zu bewahren. Der Weg ist in drei Teile gegliedert: »Der Mensch und der Wald« (5 km), »Die Nutzung eisenerzhaltiger Gebiete früher und heute« (4,5 km) und »Das pflanzliche Erbe auf einem ehemaligen Grubengelände« (2,5 km). Eine Broschüre mit Plan erhält man im Touristenbüro am Rathausplatz sowie im Besucherzentrum Ellergronn.
Zusätzlich warten auf dem Gaalgebierg und im Naturschutzgebiet

▶ S. 85, westl. a 1

MERIAN-Tipp **10**

INFLUENCES DES SAVEURS

In dem Gourmetrestaurant ist der Anblick der Gerichte schon ein Hochgenuss. Der Gaumen bestätigt dann die Kochkunst der beiden Meister ihres Faches. Fabrice Salvador und Arnaud Garnier sind ein eingespieltes Gespann. Mit ihren Kreationen haben sie in ihrer Laufbahn schon einige Michelinsterne eingeheimst. So ist auch dieses Restaurant im renommierten Schlemmerführer mit einem Stern verzeichnet.
Esch-sur-Alzette, 118, rue de Belvaux • Tel. 55 80 94 • www.influences.lu • Mi–Sa 12–14, 19.15–22, So 12–14 Uhr • €€€

Ellergronn sowie in der näheren Umgebung zahlreiche Wanderwege. Dauer: 4–5 Std.

ÜBERNACHTEN

Mercure Esch ▶ S. 85, b 2

Ruhige Lage • Die Zimmer sind komfortabel ausgestattet und verfügen über ein eigenes Bad. Restaurant Le Bistroquet im Erdgeschoss.
2, pl. Boltgen • Tel. 54 19 91 • www.accorhotels.com • 41 Zimmer • €€

The Seven Hotel ▶ S. 85, c 4

Optimal gelegen • Modernes, luxuriöses Hotel, direkt neben dem Stadtpark auf dem Galgenberg und doch nur einen Steinwurf vom Stadtzentrum entfernt.
Gaalgebierg • Tel. 54 02 28 • www.thesevenhotel.lu • 14 Zimmer • €€

Rosati-Haus ▶ S. 85, südl. a 4

Einzigartig • Mitten im Naturschutzgebiet Ellergronn gelegen, bietet dieses Haus vier Personen die Möglichkeit, unter spartanischen Bedingungen im Wald zu übernachten.
Tel. 54 42 75 200 • www.une nuitdanslaforet.lu • €

ESSEN UND TRINKEN

Pavillon Gaalgebierg ▶ S. 85, c 4

Im Art-déco-Stil • Restaurant oberhalb der Stadt, mitten im Naherholungsgebiet Gaalgebierg.
Gaalgebierg • Tel. 54 02 28 • www.thesevenhotel.lu • tgl. 12–14, 19–22.30 Uhr • €€€

Ristorante Favaro ▶ S. 85, b 2

Mediterran • Erstklassige italienische Küche, mit einem Michelinstern ausgezeichnet.
19, rue des Remparts • Tel. 54 27 23 • www.favaro-restaurant.lu • Sa mittags, So abends und Mo geschl. • €€€

Postkutsch ▶ S. 85, b 3

Schönes Ambiente • Angenehmer Rahmen, gute französische Küche.
8, rue Xavier Brasseur • Tel. 54 51 69 • www.postkutsch.lu • Sa mittags, So abends und Mo geschl. • €€–€€€

Acacia ▶ S. 85, b 3

Gaumenfreuden • Der Feinschmecker wird in diesem Hotel-Restaurant nicht enttäuscht.
10, rue de la Libération • Tel. 54 10 61 • www.hotel-acacia.lu • Mo–Sa 12–14, 19–22 Uhr • €€

Club 5 Am Park ▶ S. 85, a 1

Im Park Laval • Bekannt für seine hervorragende Küche. Im Sommer speist man auf der Terrasse.

Place des Sacrifiés • Tel. 26 17 57 75 •
www.club5.lu • Küche tgl. 11.30–
14.30, 18.30–22 Uhr (So-Abend im
Winter geschl.), Café tgl. 10–1 Uhr
(So-Abend im Winter geschl.) • €€

K116   ▸ S. 85, nördl. c 1

Im ehemaligen Schlachthof • In
dem Gebäude der heutigen Kulturfabrik bietet dieses beliebte Café-
Restaurant eine fast loungeartige
Atmosphäre.
116, rue de Luxembourg • Tel. 26 17
59 74 • www.k116.lu • Sa mittags und
So geschl. • €€

Urban Belval   ▸ S. 85, westl. a 1

Raffinierte Cocktails • Exzellen-
tes Essen und eine angenehme
Lounge-Atmosphäre. Öfters werden
hier auch Livekonzerte oder After-
partys von den großen Konzerten
des Nachbarn Rockhal organisiert.
7, av. du Rock'n'Roll • www.urban.lu •
Mo–Do 11–21, Fr, Sa 11–22 Uhr
(Restaurant), Mo–Sa 21–1 Uhr (Bar) •
€€

Pitcher   ▸ S. 85, b 2

Trendig • Entdecken Sie die
Route 66 mitten in Esch! Vom Stu-
denten bis zum Harley-Davidson-
Biker können Sie hier besonders am
Wochenende bei einem Bier schnell
neue Leute kennenlernen.
27, Grand-Rue • Tel. 54 04 59 •
www.pitcher.lu • Mo 11–1, Di–So
10–1 Uhr • €–€€

EINKAUFEN

In der **Rue de l'Alzette** lässt es sich
vortrefflich bummeln und shoppen.
Die Preise der Auslagen sind ziviler
als in Luxemburg-Stadt, und das bei
gleich großem Angebot wie in der
Landeshauptstadt.

AM ABEND

Esch bietet ein reichhaltiges kultu-
relles Angebot. Fast täglich finden
Events im Stadttheater, Musikkon-
servatorium oder in den Konzerthal-
len Rockhal und Kulturfabrik statt.
www.esch.lu/culture

SERVICE
AUSKUNFT
Verkehrsverein
City Tourist Office   ▸ S. 85, c 2
Esch-sur-Alzette, Rathausplatz •
Tel. 54 16 37 • www.esch.lu/tourisme

Ziele in der Umgebung

◎ Differdange   ▸ S. 119, D 8
21 500 Einwohner
Die drittgrößte Stadt des Landes
setzt sich aus den Ortschaften Differdange, Oberkorn, Niederkorn
und Lasauvage zusammen. Zentrum
des gesellschaftlichen und sozialen
Lebens ist der neu gestaltete Stadt-
kern samt seiner Fußgängerzone.
Das Schwimmbad in Oberkorn gilt
als modernstes Freibad des Landes.
Die Stadt bietet zahlreiche kulturelle Sehenswürdigkeiten, wie die
1235 erbaute Zisterzienserinnen-
abtei, das Renaissanceschloss, den
Gerlache Park und die im Neore-
naissance- oder im Neobarockstil
erbauten Häuser und Villen.
Das Stahlwerk steht mitten in der
Stadt. 1981 wurde die letzte Eisenerzgrube geschlossen, der Nach-
schub für die Hochöfen kommt jetzt
aus dem Ausland. Wie Relikte aus
vergangener Zeit »schweben« die
Förderbänder dicht über den Häusern und rosten über grünen Wiesen
langsam vor sich hin.
Um das Eisenerz abzubauen, wurde
der Berg im 19. Jh. wie ein Schweizer Käse ausgehöhlt. Seit Stilllegung

der Gruben konnte hier ein Biotop seltener Pflanzen entstehen, das inzwischen zum »Parc Naturel Prënzebierg« erklärt wurde.

Geologischer Lehrpfad »Sentier Giele Botter« mit Infotafeln. Prospekt beim Office National de Tourisme (▶ Auskunft, S. 111).

6 km westl. von Esch-sur-Alzette

MUSEUM

Fond-de-Gras ▶ S. 118, C 8

Das unter Denkmalschutz stehende Freilichtmuseum des Industrie- und Eisenbahnparks Fond-de-Gras war einst der wichtigste Eisenerzlieferant der Großregion Saar-Lor-Lux. Ein ehemaliger Güterbahnhof mit Eisenbahnschuppen, eine Minengalerie, eine Bergarbeiterschenke, ein ehemaliger Krämerladen und zwei touristische Züge, der **»Train 1900«** 🔟 und die unter Tage führende Schmalspurbahn »**Minièrsbunn**«, versetzen den Besucher in frühere Zeiten.

Dampfend und schnaufend rumpelt der Oldtimer um den Titelberg bis nach Pétange und wieder zu seinem Heimatbahnhof in Fond-de-Gras zurück. Ausgesprochen bequem sitzt der Fahrgast im Nobelabteil des Zuges, hart und rustikal hingegen in der zweiten Klasse.

Abfahrt der Züge: In Fond-de-Gras, dem ehemaligen Grubenstandort und der Umladestation für Eisenerz, bzw. bei Pétange. Die Strecken werden von Mai bis Ende Sept. jeweils mehrmals an So und Feiertagen befahren. Dauer: zwischen 1 und 1,5 Std. (hin und zurück).

Anfahrt: Nach Fond-de-Gras gelangt man am besten im eigenen Fahrzeug von Differdange-Niederkorn aus.

www.train1900.lu, www.fond-de-gras.lu • Mai–Sept. jeden So und Feiertag • Fahrkarte 1. Klasse 10 €, Kinder 7 €, 2. Klasse 7 €, Kinder 4 €

SERVICE

AUSKUNFT

Mairie de Differdange

40, av. Charlotte • www.differdange.lu • Mo–Fr 7.30–12 und 13.30–17, Sa 9–11 Uhr

◎ **Lasauvage** ▶ S. 118, westl. a 3

Lasauvage, das so viel wie »Die Wilde« bedeutet, ist eine hervorragend erhaltene Bergbausiedlung mit kleinen Museen, direkt an der französischen Grenze.

◎ **Titelberg** ▶ S. 118, C 7

Das im 2. Jh. v. Chr. gegründete keltische Oppidum gilt heute als Stammeszentrum der Treverer. Die Ausgrabungen zeugen von der Wichtigkeit des Standpunktes. Eine Beschilderung liefert den Wanderern die erforderlichen Erklärungen.

◎ **Dudelange** ▶ S. 119, E 8

18 000 Einwohner

Die Stahlhütte, die 1886 in Betrieb genommen wurde, brachte Dudelange (Diddeléng) den Beinamen »Schmiede des Südens« ein. Durch das erst wenige Jahre zuvor erfundene Thomas-Verfahren war es möglich geworden, den geringen Eisengehalt der heimischen Minette (Eisenerzvorkommen) auszunutzen. Inzwischen sind die Hochöfen erloschen, die Stahlhütte stillgelegt. Die meisten Menschen arbeiten jetzt im Kaltwalzwerk. Das **Stadtmuseum** zeigt die Entwicklung des Stahlstandortes und archäologische Funde. Außerhalb der Stadt stehen auf dem **Johannisberg** (Mont St.-Jean) die Ruinen der einstigen Burganlage. Sie wurde im 15. Jh. zur Sicherung der Grenze errichtet. Vom Aussichtsturm bietet sich ein schöner Blick über »das Land der roten Erde«.

Sehenswert sind die restaurierten Wandmalereien in der Kirche **St. Martin**. Das **Dokumentationszentrum der Völkerwanderung** informiert u. a. über die Auswanderung der Luxemburger nach Amerika im 19. Jh. Es wurde im ehemaligen Bahnhof des »Quartier Italien«, das vorwiegend von Italienern bewohnt wird, eingerichtet.

10 km östl. von Esch-sur-Alzette

SEHENSWERTES

Parc Léih Adventures 👪🧗

So nennt sich der große Hochseilgarten mit 60 Herausforderungen auf vier verschiedenen Strecken.

Ecke Rue du Parc / Rue de la Forêt

◎ Rumelange ▶ S. 120, B 12

3200 Einwohner

Der alte Grubenort liegt unmittelbar vor der französischen Grenze. Ringsherum leuchtet rot die eisenhaltige Erde, die hier rund 100 Jahre lang abgetragen wurde. Inzwischen breiten sich Wiesenmatten über den ehemaligen Abbauplätzen aus, denn 1963 kam das Aus für Rumelange (Remeléng) als Grubenstandort. Die Stahlkrise forderte erste Opfer … In den großen Gruben in Frankreich, Schweden und Brasilien konnte eben wirtschaftlicher gearbeitet werden. In dem Gebiet der einstigen Grubenstadt wurden interessante Wanderwege angelegt.

6 km südöstl. von Esch-sur-Alzette

MUSEUM

Grubenmuseum (Musée National des Mines) ⭐2 👪🧗

▶ Familientipps, S. 31

Von ihrem Heimatbahnhof Fond-de-Gras rattert die Museumsbahn »Train 1900« (▶ S. 90) in rund anderthalb Stunden nach Pétange und wieder zurück.

Ausflugsziele wie das malerisch in einem Flusstal gelegene Clervaux (▶ S. 94) mit seiner Burg und der Pfarrkirche lassen sich gut mit dem Fahrrad erkunden.

Touren und
Ausflüge

Ob mit dem Auto, dem Fahrrad oder per pedes, ob gemächlich oder eher schnell – es gibt viele Arten, die Reize Luxemburgs zu entdecken.

Durch die Ardennen – Hügelig und grün zeigt sich der Norden

CHARAKTERISTIK: Abwechslungsreiche Tour durch den hügeligen Norden
DAUER: Tagestour per Fahrrad, Halbtagestour im Pkw **LÄNGE:** 53 km **EINKEHR-TIPP:** Caféstube, Binsfeld, Ostern-Anf. Nov. Di–So 14–17 Uhr • Hotel-Restaurant Vieux Moulin in Asselborn, Tel. 99 86 16, www.hotelvieuxmoulin.lu, 15 Zimmer, Di geschl. €€ **AUSKUNFT:** Touristenbüro Clervaux

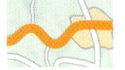

KARTE ▶ S. 117, D 2

Die Tour führt über abgelegene Straßen durch den hügeligen Norden des Landes, in kleine Orte mit sehenswerten Pfarrkirchen, in das ehemalige Haus eines Schäfers, über einen Zwischenstopp am Badesee und weiter zur höchsten Erhebung Luxemburgs nahe der belgischen Grenze. Die hügelige Landschaft ist für Fahrradtouren abwechslungsreich, strengt allerdings auch sehr an. Eine gute Übersetzung der Gangschaltung kann hier so manche Konditionsschwäche ausgleichen.

Clervaux ▶ Weiswampach

Von Clervaux folgt die Straße 8 km dem Flusslauf der Woltz nach Norden, bis sie zum Weiler **Binsfeld** abzweigt. In einem **Schiefricht**, einem Schäferhaus aus dem 16./17. Jh., wird das ländliche Leben der letzten knapp 300 Jahre wach gehalten. Liebevoll wurde eine alte Bauernstube, die gemütliche Küche und das feine Zimmer eingerichtet. In der Scheune sind viele längst vergessene Geräte aus der Landwirtschaft zu sehen. Nach einem Rundgang können Sie in der Caféstube die Torte aus dem hauseigenen Backofen probieren.

Im Nachbarort **Holler**, nur einen Kilometer entfernt, befindet sich eine der ältesten Kirchen Luxemburgs, eine schlichte weiße **Dorfkir-**che, wie sie in den Ardennen typisch war. Die romanische Bauweise ohne Apsis kam aus Lothringen und war in der gesamten Westeifel bis zur Champagne verbreitet. Der romanische Glockenturm diente bei Angriffen als Wehrturm. Den Schlüssel zur Kirche gibt es im Pfarrhaus.

Im kleinen Ort **Weiswampach** sind die beiden kleinen Seen während der Hochsaison stark frequentiert (»Centre de Loisirs« ausgeschildert): Schlauchbootfahrer und Luftmatratzenkapitäne kämpfen mit den Tretbootchauffeuren und Surfneulingen um die Vorfahrt. Vom See aus steigt die Straße C. R. 336 bergan, bis sie auf der Höhe die N 12 kreuzt.

Huldange ▶ Cinqfontaines

Nur 5 km sind es von hier nach **Huldange**. Wenn Sie jetzt nicht achtgeben, ist der höchste Punkt Luxemburgs schnell verpasst. Zum Glück weist ein Wasserturm den Weg zum **Burgplatz**, der exakt 558,35 m über dem Meeresspiegel liegt.

Nach **Troisvierges** führt der schnellste Weg über die N 12. Fahrradfahrer wählen hingegen besser den Schlenker über die Dörfer Hautbellain und Basbellain auf den weniger befahrenen Straßen, wobei sie allerdings kurz vor Troisvierges eine zehnprozentige Steigung erwartet. Ja, Sie liegen richtig mit Ihrer Vermutung, der Ort **Troisvierges**, zu deutsch Ulfingen, wurde nach drei Jungfrauen benannt, den Geschwistern Fides, Spes und Caritas, die für ihren Glauben im Jahre 168 unter Kaiser Hadrian qualvoll sterben mussten und später heiliggesprochen wurden. In der Klosterkirche sind neben Putten, Engeln und dem komplett erhaltenen Lettner große Ölbilder zu sehen, die von Rubens-Schülern gemalt wurden – so beispielsweise die Kreuzaufrichtung über dem Hauptaltar.

Im ehemaligen Kloster **Cinqfontaines** wurden alle Juden des Landes von den deutschen Besatzern zusammengepfercht und dann per Bahn ins Konzentrationslager Auschwitz deportiert. Von den 700 Männern, Frauen und Kindern haben nur 50 das Todeslager überlebt. 1969 wurde ihnen nahe der Bahn ein Denkmal errichtet.

Cinqfontaines ▶ Asselborn

Über schmale Landstraßen schlängelt sich die Strecke weiter zur **Wassermühle von Asselborn**. Vorsicht Radfahrer, die letzten Meter geht es mit 15 % Gefälle sehr steil hinunter ins Tal! Die Mühle wurde vorbildlich restauriert und zum Hotel mit Museum umgestaltet.

Das Hotel-Restaurant Vieux Moulin ist idyllisch und ruhig gelegen. Was liegt näher, als zum Ausklang der Tour auf der sonnigen Restaurantterrasse neben dem Mühlbach eine Forelle zu verspeisen. Alle Gerichte werden frisch zubereitet, daher bestimmt der Markt das Tagesangebot. Im Restaurant wurde die Atmosphäre des alten Natursteingemäuers mit modernem Mobiliar gelungen kombiniert. Zurück nach Clervaux sind es von Asselborn über gewundene Straßen gerade mal 8 km, 25 km bis nach Wiltz im Süden.

Der Wassermühle von Asselborn (▶ S. 95), die auch ein kleines Museum beherbergt, sollten Sie auf der Fahrt durch die Ardennen unbedingt einen Besuch abstatten.

Im Tal der Burgen und Schlösser – Sieben auf einen Streich

CHARAKTERISTIK: Herrliche Rundtour durch den Nordwesten des Landes bis zur belgischen Grenze, die sowohl mit dem Auto, Fahrrad oder auf dem Wanderweg erlebt werden kann **DAUER:** gemütliche Tagestour mit dem Pkw **LÄNGE:** 115 km **EINKEHRTIPPS:** Hôtel de la Gaichel, Gaichel (▶ MERIAN-Tipp, S. 13), Maison 5, Tel. 39 01 29, www.lagaiachel.lu, So-Mittag und Mo geschl. €€€ • Hostellerie du Vieux Moulin Leesbach, Septfontaines, Tel. 30 50 27, Mo, Di geschl. €€ • Auberge

Thillsmillen, Mamertal, Tel. 31 01 58, Mo, Di geschl. €€€ **AUS-KUNFT:** Touristenbüro Mersch

KARTE ▶ S. 119, F 7

Die Route führt durch den abwechslungsreichsten Teil des **Gutlands**, durch waldige Täler, Felder und Wiesen. Die kleinen Orte auf der Strecke wurden wieder attraktiv herausgeputzt, speziell **Useldange**. Einige Dörfer werden von Burgruinen überragt und als **Tal der sieben Schlösser** (»Vallée des Sept Châteaux«) angepriesen.

Ein Teil der Strecke ist durch den 37 km langen »**Wanderweg durch das Tal der sieben Schlösser** (»Sentier des Sept Châteaux«) abgedeckt. Diese beliebte Wanderung von Mersch nach Gaichel führt durch das idyllische Tal der Eisch (Auskunft und Streckenkarte: www. tours.lu). Auch mit dem Rad ist es eine überaus abwechslungsreiche Tour, die ab Useldange über einen eigenen Fahrradweg verläuft, angelegt auf einer alten Eisenbahntrasse. Auf der 31 km langen Strecke fuhr bis 1967 ein Personenzug, der Hüttenarbeiter aus den Kantonen Capellen und Redingen zu ihren Arbeitsplätzen im Süden Luxemburgs brachte.

Schoenfels ▶ Mersch

Die Rundfahrt kann man direkt in Luxemburg starten. Durch den Rollingergrund (Ausschilderung Wiltz) geht es durch den Wald Bambesch (Naherholungsgebiet) über Bridel nach **Kopstal**. Ab hier durch das waldige Mamertal, bis nach 7 km im hübsch gelegenen Weiler **Schoenfels** die erste Burg der Tour auftaucht, wovon allerdings nur er imposante Wohnturm erhalten blieb. Nach 3 km Schlängelstraße folgt dann **Mersch**. Die Stadt mit der 2000-jährigen Vergangenheit war bis Ende des vorigen Jahrhunderts für ihre gusseisernen Produkte, besonders die Kaminzierplatten »Taken«, bekannt. Mitten im Ort (3460 Einwohner) liegt das Château, das im Laufe der Zeit vielfach zerstört wurde. Vis-à-vis ist im Glockenturm der ehemaligen Pfarrkirche das Touristenbüro eingezogen.

Mersch ▶ Ansemburg

Durch das Waldtal der Eisch, einem der schönsten im Gutland, geht es weiter nach **Hollenfels** (8 km C.R. 105). In der Burg (14. Jh.) befindet sich die wohl romantischste Jugendherberge des Landes. Die Pechnasen des restaurierten Donjons zieren naive Figuren. Vor dem Weiler **Ansemburg**, dem nächsten Stopp, liegt die beeindruckende **Schlossanlage** aus dem 17. Jh. gleich neben der Straße. Die ältere Burg überragt den fünf Häuser zählenden Ort. In den renovierten Räumen wohnt heute noch der Graf. Die wunderschönen Terrassengärten nach französischem Vorbild können besichtigt werden.

Ansemburg ▶ Septfontaines

Auf der gut ausgebauten N 12 geht es über **Saeul**, einem gemütlichen Gutlanddorf mit ein romanisches Pfarrkirche, zum »Musterdorf« **Useldange** an der Attert. Am Rathaus hängt eine gusseiserne Tafel mit der Aufschrift: »Eist Duerf soll liewen« (unser Dorf soll leben). Eine Aktion, die 1983 gestartet wurde, um das charakteristische Dorf mit Bedacht zu sanieren. Useldange wurde mit dem »Europa Nostra«-Preis ausgezeichnet. Für Fahrradfahrer ist hier der Radweg abseits der Autostraßen über Gaichel/Eischen nach Süden bis Pétange (31 km) ausgeschildert. Für Autofahrer zweigt im Dorf die N 22 nach Redange ab. Durch die Bilderbuchlandschaft des Gutlands geht es dicht an die belgische Grenze nach **Colpach-Bas**. In dem ausgedehnten Park können Sie wandeln wie die europäischen Größen aus Politik, Wirtschaft und Kunst in der Zeit zwischen den Kriegen. Unter den Plastiken berühmter Künstler, die den Park bereichern, befindet sich das erste Werk des berühmten französischen Bildhauers Auguste Rodin.

Nur 9 km sind es von Colpach nach **Arlon** in Belgien (Provinz Luxemburg). Die Stadt wird überragt von der Kirche **St. Donatus**, von wo der Blick weit über die Grenze bis hinüber nach Luxemburg und Frankreich reicht. Der US-Panzer auf der Place Léopold erinnert an die Ardennenoffensive von 1944/45. Die Provinzhauptstadt verlässt man wieder Richtung Mersch. Unmittelbar an der Grenze liegt das Hôtel de la Gaichel – das beste Hotel-Restaurant auf der Strecke (▶ MERIAN-Tipp, S. 13) mit einem angrenzenden Golfplatz.

Septfontaines ▶ Nospelt

Durch den Wald geht es nach **Septfontaines** mit der ansprechenden Hostellerie du Vieux Moulin Leesbach. Im Dorfbrunnen fließen die sieben Quellen zusammen, die dem 500 Einwohner zählenden Ort seinen Namen gaben (zu deutsch Simmern).

Entlang der Eisch führt die Straße (C. R. 105) in wenigen Kilometern nach **Kœrich**. In dem Dorf verstecken sich einige Mauerreste der Burg. Interessanter ist allerdings die Kirche, die den Ort überragt. Ihre Barockausschmückung gehört zu den schönsten des Landes.

Durch Wald und Flur geht es weiter zum Nachbarort **Nospelt**, wo über Jahrhunderte Keramikwaren hergestellt wurden (erste urkundlich belegte Töpferei 1458). Die Industrialisierung kam, und damit das Aus für die Nospelter Keramik. 1914 wurde die letzte der 19 Werkstätten geschlossen. 1973 entstand darin ein Töpfermuseum (13, rue de potier, Juli–Ende Aug., tgl. außer Mo 14–18 Uhr) eröffnet wurde. Heute sind noch einige Hobbytöpfer am Werk, die ihre Ware an die Touristen verkaufen.

Nospelt ▶ Mamertal

Mit einem Abendessen in der idyllisch gelegenen Auberge Thillsmillen in einer ehemaligen Wassermühle in Mamer kann man den Tag beschaulich ausklingen lassen.

Auf der ehemaligen Eisenbahntrasse nach Belgien – unsichtbare Grenzen passieren

CHARAKTERISTIK: Fahrradtour auf einer ehemaligen Eisenbahnstrecke mit asphaltierter Trasse und beleuchteten Tunnels **DAUER:** halber bis ganzer Tag, je nach Dauer der Besichtigungen **LÄNGE:** 20 km **EINKEHRTIPP:** Café an der Schleef, 4 Schleef, bei der Bahnstation Schleif, Tel. 26 95 04 13 € **AUSKUNFT:** Verkehrsverein Wiltz **KARTE ▶ S. 116, C 3**

Das Ardennenstädtchen Wiltz (▶ S. 98) ist Ausgangspunkt einer Fahrradtour.

Von der Ardennenstadt Wiltz führt ein 20 km langer Radweg nach Bastogne in Belgien. Fahrradfahrer sind auf der gesamten Strecke unter sich. Steile Hügel brauchen Sie hier nicht zu fürchten, es geht nur leicht, aber dafür kontinuierlich bergan, schließlich ist Bastogne die höchste Stadt Belgiens (504 m ü. NN). Zurück rollt das Rad dafür fast von selbst.

Wiltz ▶ Bastogne

Ausgangspunkt in **Wiltz** ist der Friedhof in der Unterstadt. Dort geht es rechts ab, danach ist Bastogne ausgeschildert. Der erste Teil des beschilderten Radwegs führt durch schattige Waldpassagen. Auf halber Strecke gibt es in **Schleif** dann die Möglichkeit einer Verschnaufpause auf der Caféterrasse bei der ehemaligen Bahnstation.

Ohne dass Sie es merken, passieren Sie bei der Weiterfahrt die Grenze zu Belgien. Die lebendige Geschäftsstadt **Bastogne** liegt nur 8 km hinter der Grenze. Sehenswert ist die frühgotische St.-Peters-Kirche aus dem 13. Jh. Von der Stadtbefestigung, die im 17. Jh. abgerissen wurde, ist noch das Trierer Stadttor erhalten.

Vieles erinnert in der Stadt an die Ardennenoffensive 1944/45. Bastogne war als Straßenknotenpunkt eine Schlüsselstelle bei Hitlers Versuch, den Vormarsch der Alliierten noch zu stoppen. Nach einem mörderischen Krieg im eisigen Winter 1944/45 errangen schließlich die Amerikaner unter General Patton den entscheidenden Sieg. Der Tod von 100 000 deutschen und 81 000 amerikanischen Soldaten war die grausame Bilanz nach wenigen Wochen. Als Erinnerung an die Amerikaner wurde das bombastische Denkmal in Form eines Sterns am Eingang der Stadt errichtet. Das **Historical Center** in **Mardasson**, 2 km vom Zentrum entfernt, hält in Form von Video- und Diashows die Erinnerung an die Schlacht lebendig.

INNOVATIV, INFORMATIV, INTERAKTIV.

Der neue digitale Naturparkführer für die Naturparke Our und Öewersauer.

Wer neugierig auf die bewegte Vergangenheit der Stadt Luxemburg ist, sollte unbedingt dem Geschichtsmuseum (▶ S. 40)
seine Aufwartung machen.

Wissenswertes
über Luxemburg

Nützliche Informationen für einen gelungenen
Aufenthalt: Fakten über Land, Leute und Geschichte
sowie Reisepraktisches von A bis Z.

Auf einen Blick

Mehr erfahren über Luxemburg – Informationen über Land und Leute, von Bevölkerung über Politik und Sprache bis Wirtschaft.

AMTSSPRACHE: Französisch, Lëtzebuergisch (Nationalsprache)
BEVÖLKERUNG: 43,1% Ausländeranteil (Portugiesen, Franzosen, Italiener, Belgier, Deutsche, Niederländer)
EINWOHNER: 502 000
FLÄCHE: 2586 qkm
HAUPTSTADT: Luxemburg, 138 000 Einwohner (Ballungsraum)
INTERNET:
www.luxembourg.public.lu
RELIGION: römisch-katholisch
STAATSFORM: Großherzogtum, Parlamentarische Monarchie
STAATSOBERHAUPT: Großherzog Henri, Herzog von Nassau
VERWALTUNG: drei Distrikte
WÄHRUNG: Euro

Bevölkerung

Die Luxemburger sprechen durchwegs drei Sprachen, darunter fließend Deutsch. Sollten Sie mal nicht verstanden werden, so steht Ihnen mit Sicherheit kein »Einheimischer« gegenüber, vielleicht bedient Sie gerade ein Franzose oder Belgier, von denen viele als Grenzgänger im Land arbeiten. In der multikulturellen Gesellschaft leben viele Nationalitäten friedlich miteinander. Allein in der Stadt Luxemburg sind über 50% der Bürger Ausländer, knapp die Hälfte im ganzen Land. Das Großherzogtum beweist damit, dass kulturelle Vielfalt und kulturelle Unterschiede nicht zur Schwächung der eigenen nationalen Identität füh-

◄ Ein geselliges und multikulturelles Volk sind die Luxemburger.

ren müssen. Trotzdem beherzigen die Luxemburger nach wie vor ihren Wahlspruch: »Mir wölle bleiwe wat mir sin«.

Politik und Verwaltung

Das Großherzogtum wird administrativ unterteilt in die Distrikte Luxemburg, Diekirch und Grevenmacher. Weiterhin in 12 Kantone und 118 Gemeinden. Im Großherzogtum besteht verfassungsmäßig eine Erbmonarchie. Großherzog Henri aus dem Hause Nassau-Weilburg hat am 7. Oktober 2000 den Thron bestiegen. Er trat die Nachfolge seines Vaters Jean (1964–2000) an. Die Mutter des Großherzogs, geborene Prinzessin Joséphine-Charlotte, war die Schwester des belgischen Königs. Die Walram'sche Linie der Nassau kam 1890 an die Macht, nachdem Wilhelm III. ohne männlichen Erben starb.

Sprache

Die Muttersprache der Luxemburger ist Lëtzebuergisch, ein Dialekt germanischen Ursprungs (Moselfränkisch), der mit französischen und deutschen Worten durchsetzt ist. Als Ausdrucksmittel für eine eigene Identität wurde Lëtzebuergisch 1984 zur Nationalsprache erklärt und landesweit gesprochen, immer häufiger auch im Rundfunk und Fernsehen. Es ist faszinierend, zu beobachten, wie die Menschen mitten im Satz von Luxemburgisch zu Deutsch oder Französisch wechseln können, zwei Sprachen, die die Luxemburger bereits mit sechs bzw. sieben Jahren in der Schule lernen.

Wirtschaft

Als Finanzmetropole Nummer eins haben sich 150 Banken aller wohlhabenden Länder der Erde in der Stadt Luxemburg niedergelassen. Das Banken- und Versicherungswesen bestimmt damit zum Großteil die Wirtschaftsstruktur des Landes. Zudem nimmt die Telekommunikation einen bedeutenden Platz ein. Der Schwerindustrie im Süden verdankt Luxemburg seine wirtschaftliche Eigenständigkeit, als es sich im letzten Jahrhundert unabhängig machte. Die Fusion von ARCELOR mit MITTAL im Juni 2006 machte das Unternehmen zum weltweiten Marktführer aller Stahlproduzenten mit Sitz in Luxemburg. Seit der Eisen- und Stahlkrise in den 1960er-Jahren wird versucht, im Süden anderen Industriezweigen Anreize zu bieten.

Das Einkommen liegt höher als in den Nachbarländern. Dass eine hohe Zahl an Grenzgängern zum Arbeitsplatz Luxemburg pendeln, hat seinen Grund in einer höheren Arbeitslosenquote in der Grenzregion.

Der europäische Gedanke ist tief verwurzelt. Schon der in Luxemburg geborene Robert Schuman, der als »Vater der europäischen Idee« gilt, war durchdrungen vom Gedanken eines gemeinsamen Europa. Als Mann der ersten Stunde arbeitete er maßgeblich an der Montanunion mit, der europäischen Gemeinschaft für Kohle und Stahl, die am 18. April 1951 vertraglich besiegelt wurde. Zwei Generationen später ist das Kirchberg-Plateau am Rande der Hauptstadt nicht nur Europazentrum, sondern ein multifunktionales Stadtviertel geworden, in dem die EU-Institutionen beheimatet sind.

Geschichte

2. Jh. v. Chr.

Die Kelten vom Stamm der Treverer gründen auf dem Titelberg eine große Siedlung.

1. Jh. v. Chr.

Nach der Eroberung Galliens gründen die Römer Stützpunkte im heutigen Raum Luxemburg. Durch das Land führen drei große Fernstraßen nach Trier, Lyon und Köln.

18/17 v. Chr.

An der Fernstraße entsteht der Etappenstopp Vicus Ricciacus beim heutigen Dalheim.

5. Jh.

Das Römische Reich hält dem verstärkten Druck der Germanenüberfälle nicht stand. Franken übernehmen die Macht. Anfänge der Christianisierung.

698

Klostergründung in Echternach durch den angelsächsischen Missionar Willibrord.

882

Normannen dringen über die Mosel ins Land vor und plündern Remich.

963–1354

Luxemburg wird eine selbstständige Grafschaft.

963

Graf Siegfried herrscht in der Burg auf dem Bockfelsen. In einer Tauschurkunde wird der Name Luxemburg (Lucilinburhuc = Kleine Burg) erstmals erwähnt und belegt das Geburtsjahr der Stadt.

1083

Gründung der Benediktinerabtei Altmünster in der Stadt.

1308

Heinrich VII., Graf von Luxemburg, wird deutscher König.

1310

Heinrichs Sohn Johann, später »Johann der Blinde« genannt, wird mit Böhmen belehnt, das damit Luxemburg zufällt.

1354

Kaiser Karl IV. ernennt Luxemburg zum Herzogtum, Halbbruder Wenzel I. wird erster Herzog.

November 1443

Luxemburg wird von Burgund überfallen und unterworfen, Jahrhunderte der Fremdherrschaft folgen.

1506–1684

Erste spanische Herrschaft.

1659

Der ehemalige Süden des Herzogtums (Thionville und Montmédy) wird im Friedensvertrag zwischen Spanien und Frankreich an den Nachbarn abgetreten.

1684–1688

Vauban baut die Festung zum »Gibraltar des Nordens« aus.

1684–1698

Erste französische Herrschaft unter Ludwig XIV.

1690–1714

Zweite Spanische Herrschaft.

1713

Als Resultat des Spanischen Erbfolgekriegs wird Luxemburg an Österreich abgetreten.

1795

Kapitulation der Österreicher nach siebenmonatiger Belagerung der Festung. Zweite französische Herrschaft.

1815

Zweite Unabhängigkeit, Luxemburg wird Großherzogtum. König Wilhelm I. der Niederlande wird in Personalunion die Krone des Großherzogtums übertragen. Zweite Teilung Luxemburgs, der Osten des Landes wird an Preußen abgetreten.

1830

Die Luxemburger beteiligen sich an der belgischen Revolution.

1839

Bei der dritten Teilung gelangen knapp zwei Drittel des Landes (4320 qkm) an das unabhängig gewordene Belgien, die belgische Provinz Luxemburg entsteht. Luxemburg schrumpft auf die heutige Größe von 2586 qkm zusammen.

1867

Im Mai wird durch den Londoner Vertrag auf Vorschlag Bismarcks die Neutralität Luxemburgs festgeschrieben, die preußische Garnison abgezogen und der Beschluss gefasst, die Festung zu schleifen.

1868

Am 17. Okt. tritt die überarbeitete Verfassung in Kraft, welche die Demokratisierung des Landes vorbereitet.

1890

Am 23. Nov. stirbt Wilhelm III., mangels Thronfolger hat das Haus Oranien-Nassau kein Anrecht mehr auf den Luxemburger Thron. Großherzog Adolf aus der walramschen Linie des Hauses Nassau-Weilburg übernimmt die Regentschaft. Die Personalunion mit den Niederlanden ist aufgehoben.

1914–1918

Luxemburg wird im Ersten Weltkrieg trotz Neutralität von deutschen Truppen besetzt.

1940–1945

Die Deutsche Wehrmacht verletzt am 10. Mai erneut die Neutralität und besetzt das Großherzogtum. Befreiung 44/45 (Ardennenoffensive).

1952

Luxemburg wird erster Verwaltungssitz der Montanunion.

1984

Lëtzebuergisch wird als Nationalsprache festgeschrieben.

1985

Am 14. Juli wird das Schengener Abkommen unterzeichnet.

2000

Großherzog Henri übernimmt das Amt seines Vaters (1964–2000).

2007

Luxemburg wird (wie bereits 1995) europäische Kulturhauptstadt.

2010

Die Echternacher Springprozession wird auf die Liste des UNESCO-Weltkulturerbes gesetzt.

Sprachführer Französisch

Aussprache
~ über einem Vokal bedeutet, dass
  er nasal ausgesprochen wird:
ã wie chance
ẽ wie terrain
õ wie bonbon

Wichtige Wörter und Ausdrücke
Ja – oui [ui]

Nein – non [nõ]

danke – merci [mersi]

gern geschehen – de rien [dö rjän]

Wie bitte? – comment [komã]

Ich verstehe nicht. – je ne com-
  prends pas [schö nö kõmprã pa]

Entschuldigung – pardon/excusez-
  moi [pardõ/eksüseh-moa]

Hallo – salut [salü]

Guten Morgen/Tag – bonjour
  [bõschur]

Guten Abend – bonsoir [bõsuar]

Auf Wiedersehen – au revoir
  [oh röwuar]

Ich heiße … – je m'appelle
  [schö mapäl]

Ich komme aus … – je suis de
  [schö süi dö]

– Deutschland. – l'Allemagne
  [l'allmanj]

– Österreich. – l'Autriche
  [l'otrisch]

– der Schweiz. – la Suisse [la suis]

Wie geht's? – comment allez-
  vous/vas-tu [kommät alleh-
  wu/kommã wa-tü]

Danke, gut. – bien, merci
  [bjẽ mersi]

wer, was, welcher – qui, quoi, lequel
  [ki, koa, lökel]

wann – quand [kã]

wie viel – combien [kombiẽ]

wie lange – combien de temps –
  [kombiẽ dö tã]

Sprechen Sie Deutsch/Englisch?
  – parlez-vous allemand/anglais
  [parleh-wu almã/ãnglä]

heute – aujourd'hui [oschurdüi]

morgen – demain [dömẽ]

gestern – hier [iär]

Zahlen
eins – un [ẽ], une [ün]

zwei – deux [döh]

drei – trois [troa]

vier – quatre [katr]

fünf – cinq [sẽk]

sechs – six [sis]

sieben – sept [set]

acht – huit [üit]

neun – neuf [nöf]

zehn – dix [dis]

einhundert – cent [sã]

eintausend – mille [mil]

Unterwegs
rechts – à droite [a droat]

links – à gauche
  [a gohsch]

geradeaus – tout droit [tu droa]

Wie kommt man nach …? – pou-
  vez-vous m'indiquer le chemin
  pour aller à [puwe wu mẽdike lö
  schömã pur ale a]

Wo ist … – où se trouve
  [u sö truw]

– die nächste Werkstatt? – le garage
  le plus proche [lö garasch lö plü
  prosch]

– der Bahnhof? – la gare [la gar]

– die nächste U-Bahn? – l'arrêt de
  métro le plus proche [larrä dö me-
  troh lö plü prosch]

– der Flughafen? – l'aéroport
  [laehropor]

– die Touristeninformation?
  – l'office de tourisme [loffis dö
  turism]

– die nächste Tankstelle? – la sta-
tion-service la plus proche
[la stasjõ servis la plü prosch]

Bitte voll tanken! – le plein s'il vous
plaît [lö plẽ sil wu plä]

Normalbenzin – essence [esãs]

Ich möchte ein Auto/Fahrrad
mieten. – je voudrais louer une
voiture/un vélo [schö wudrä lueh
ün voatür/ẽ welo]

Wir hatten einen Unfall. – on a eu
un accident [õna ü ẽ aksidã]

Wo finde ich … – où est-ce que je
trouve [uäskö schö truw]

– einen Arzt? – un médecin
[ẽ medsẽ]

– eine Apotheke? – une pharmacie
[ün farmasi]

Eine Fahrkarte nach … bitte!
– un ticket pour … s'il vous plaît!
[ẽ tikä pur …, sil wu plä]

Übernachten

Ich suche ein Hotel. – je cherche un
hôtel [schö schersch ẽnohtäl]

Haben Sie noch Zimmer frei …
– avez-vous encore des chambres
libres [aweh-wu ãkor deh schäbr
libr]

– für eine Nacht? – pour une nuit
[pur ün nüi]

– für eine Woche? – pour une
semaine [pur ün sömän]

Ich habe ein Zimmer reserviert.
– j'ai réservé une chambre [schä
reserveh ün schäbr]

Wie viel kostet das Zimmer …
– combien coûte la chambre
[kombiẽ kut la schäbr]

– mit Frühstück? – avec le petit déjeuner [awek lö pöti dehschöneh]

– mit Halbpension? – en demi-pen-
sion [ã dömi päsiõ]

Kann ich das Zimmer sehen?
– est-ce que je peux voir la chambre [äskö schö pöh vuar la schäbr]

Ich nehme das Zimmer. – je prends
la chambre [schö prä la schäbr]

Ich möchte mich beschweren.
– je voudrais porter plainte.
[schö wudrä porteh plẽnt]

funktioniert nicht – ne marche pas
[nö marsch pa]

Essen und Trinken

Die Speisekarte bitte! – la carte s'il
vous plait [la kart sil wu plä]

Die Rechnung bitte! – l'addition s'il
vous plaît [ladisjõ sil wu plä]

Ich hätte gern … – Je vais prendre
– [schö wä prädre]

Wo finde ich die Toiletten (Da-
men/Herren)? – où sont les toilet-
tes? (dames/hommes) [u sõ leh
toalät (dam/om)]

Kellner/-in – Monsieur/Mademoi-
selle/Madame [mösjöh/mad-
moasel/madam]

Frühstück – petit déjeuner [pöti
dehschöneh]

Mittagessen – déjeuner [dehschö-
neh]

Abendessen – dîner [dineh]

Einkaufen

Wo gibt es …? – où se trouve
[u sö truw]

Haben Sie …? – avez-vous
[aweh-wu]

Wie viel kostet …? – combien ça
coûte? [kombiẽ sa kut]

Das ist zu teuer. – c'est trop cher
[sä tro schär]

Geben Sie mir bitte 100 Gramm/
ein Kilo … – je voudrais cent
grammes/un kilo de [schö wudrä
sã gram/ẽ kilo dö]

Briefmarken für einen Brief/eine
Postkarte nach … – des timbres
pour une lettre/carte postale pour
[deh tẽbr pur ün lettr/ün kart
postal pur]

Kulinarisches Lexikon

A

abats – Innereien

abricot – Aprikose

acquit – Quittung

addition – Rechnung

agneau – Lamm

aïl – Knoblauch

amandes – Mandeln

amuse-gueule – appetitanregende kleine Vorspeisen

anchois – Sardelle (Anchovis)

à point – fast gar, »medium«

artichauts – Artischocken

asperge – Spargel

auberge – ländliches Gasthaus (Restaurant)

B

bar – Barsch

beignet – Krapfen

beurre – Butter

bien cuit – durchgebraten

bière blonde (noire) – helles (dunkles) Bier

bœuf – Ochse oder Rind

boisson – Getränk

bouteille – Flasche

brioche – Hefegebäck (meist zum Frühstück)

C

cabillaud – Kabeljau

café crème – Kaffee mit Milch

– liégeois – Eiskaffee

canard – Ente

charbonnée – Rostbraten

charcuterie – Wurstaufschnitt

chèvre – Ziege, Ziegenkäse

choucroute – Sauerkraut

coq – Hahn

côte – Rippenstück

– d'agneau – Lammkotelett

crudités – Rohkostsalate

courgettes – Zucchini

D

déjeuner – Mittagessen

demi – halb

– sec – halbtrocken

digestif – Verdauungsschnaps

dinde – Pute

dîner – Abendessen

E

eau – Wasser

– gazeuse – Selterswasser

– naturelle – natürliches Mineralwasser (ohne Kohlensäure)

– de vie – Branntwein (klare Schnäpse)

échalote – Schalotte

écrevisses – Krebse

entrecôte – Lendenstück

entrée – Vorspeise

épinards – Spinat

escalope – Schnitzel

escargots – Weinbergschnecken

F

farci – gefüllt

faux-filet – Lendenstück vom Rind

fenouil – Fenchel

flan – Pudding

frais – frisch

fromage – Käse

fruits – Früchte, Obst

fumé – geräuchert

G

garçon – Kellner, Ober

gâteau – Kuchen

gibier – Wild

glace – Eis

grillades – Gegrilltes

H

herbes – Kräuter

hors-d'œuvre – Vorspeise

huile – Öl

I/J
infusion – Kräutertee
jambon – Schinken
jus – Saft

L
lait – Milch (lait entier – Vollmilch)
lapin – Kaninchen

M
mâche – Feldsalat
matière grasse – Fettgehalt, Fettstufe
menthe – Pfefferminze
miel – Honig
moules – Miesmuscheln
moutarde – Senf

N
navets – weiße Rübchen
noisette – Haselnuss
noix – Walnuss
nouilles – Nudeln

O
œuf – Ei
oie – Gans
oignons – Zwiebeln

P
pain – Brot
pâté – Pastete
pâtisserie – Gebäck
petit déjeuner – Frühstück
petits-fours – Biskuittörtchen
pigeon – Taube
piment doux – Paprika- oder
　Pfefferschote
piochon – Grünkohl
plat – Gericht, Platte
– de résistance – Hauptgericht
– du jour – Tagesgericht
poireau – Lauch, Porree
poisson – Fisch
poitrine – Brust
poivre – Pfeffer
pommes – Äpfel

– de terre – Kartoffeln
porc – Schwein
potage – Suppe
poulet – Brathähnchen
à la pression – Bier vom Fass

R
radis – Rettich
raisins – Weintrauben
ratatouille – gemischtes Gemüse
récolte – Ernte, Weinjahrgang
rillettes – Schweinepastete
rognons – Nieren
rôti – Braten, gebraten

S
saignant – »englisch« gebraten
saucisson – Schnitt- oder Brühwurst
saumon – Lachs
sauté – geschmort
sel – Salz
sole – Seezunge
sucre – Zucker
suppléments – Aufpreis

T
tarte – Obstkuchen
terrine – Schüssel
tisane – Kräutertee
tournedos – Rindsfilet
tripes – Kutteln, Innereien
truite – Forelle

V
veau – Kalb, Fleisch vom Kalb
verre – (Trink-)Glas
viande(s) – Fleisch
vin blanc – Weißwein
– mousseux – Schaumwein
– de pays – Landwein
– rouge – Rotwein
vinaigre – Essig
volaille – Geflügel

Y
yaourt – Joghurt

Reisepraktisches von A–Z

ANREISE UND ANKUNFT

MIT DEM AUTO

Aus Deutschland, Frankreich und Belgien führen Autobahnen schnell nach Luxemburg. Doch warum nicht den Urlaub schon auf der Anreise beginnen und auf Landstraßen aus dem Norden durch die Ardennen, aus dem Raum Köln durch die Eifel oder entlang der Mosel nach Luxemburg fahren? Aus dem südöstlichen Raum Deutschlands erreicht man Luxemburg am bequemsten über Karlsruhe und Kaiserslautern, ab Saarbrücken via Autobahn in die City – wobei die Strecke über Saarbrücken an die Mosel bei Remich die schönere Variante ist. Aus dem Raum Schwarzwald und der Schweiz ist die Strecke über Straßburg und Metz nach Luxemburg die kürzeste Verbindung.

Reisen Sie aus dem Ruhrgebiet und dem Rheinland an, müssen Sie sich erst einmal über die verschiedenen Autobahnkreuze durchkämpfen. Um dann in den Norden Luxemburgs zu gelangen, bietet sich die Strecke über Aachen an. Gleich in Belgien sollten Sie unbedingt die Autobahn verlassen und durch die großartige Landschaft der Ardennen Richtung St. Vith und Clervaux fahren. Mit Ziel Vianden oder der Kleinen Luxemburger Schweiz bei Echternach geht es ab Köln weiter Richtung Euskirchen und Bitburg. Die teilweise sehr gut ausgebaute Straße führt durch den Südeifel-Naturpark.

MIT DER BAHN

Luxemburg ist sehr gut in das internationale Bahnnetz integriert. Im Zug aus dem Norden Deutschlands sind es beispielsweise ab Cuxhaven 8 Std., von Berlin 9,5, von Münster 5, von Köln direkt 3,5, von München 7,5 und von Wien rund 12 Std. Durch Schlaf- oder Liegewagen lassen sich auf den Langstrecken bequem zwei Urlaubstage einsparen. Aus Belgien führen die Gleise über Liège und Arlon nach Luxemburg. Frankreich und die Schweiz wiederum sind über Metz mit Luxemburg verbunden.

Seit Juni 2007 sind es im TGV nach Paris nur noch 2 Std. und 15 Min. Die Metropole rückt damit als Ausflugsziel sehr nahe. Unter zeitlichen Gesichtspunkten ist die Bahn auf großen Distanzen dem eigenen Fahrzeug überlegen, besonders dann, wenn man den Nachtzug wählt. Für die Mobilität in Luxemburg sorgt ein Mietwagen oder bei geringeren Entfernungen das eigene Fahrrad.

MIT DEM FLUGZEUG

Ein angenehmer Empfang ist Ihnen in Luxemburg sicher, und die 6 km zur City sind schnell im Zubringerbus zurückgelegt.

Die Fluggesellschaft **Luxair** verbindet die großen europäischen Städte wie Berlin, Frankfurt am Main, Genf, München, Wien etc. mehrmals täglich mit der Hauptstadt. In Deutschland können Flüge nach Luxemburg über den Partner **Lufthansa** gebucht werden. Sie sind mit dem Kürzel LG/LH gekennzeichnet und auch in den Lufthansa-Taschenflugplänen zu finden. Von Zürich aus fliegt Swiss nach Luxemburg.

Die regulären Flugpreise reduzieren sich erheblich, wenn Sie langfristig planen können und Ihr Ticket mindestens 14 Tage im Voraus buchen. Auf Langstrecken wie Wien–Luxemburg ist der Preis fast mit dem vergleichbar, den Sie für eine Bahnfahrt im Schlafwagen bezahlen müssen.

Auf www.atmosfair.de und www.myclimate.org kann jeder Reisende durch eine Spende für Klimaschutzprojekte für die CO_2-Emission seines Fluges aufkommen.

AUSKUNFT

FÜR DEUTSCHLAND, ÖSTERREICH UND DER SCHWEIZ

Office National de Tourisme (O.N.T.)

– Bismarckstraße 23–27 •
41061 Mönchengladbach •
Tel. 0 21 61 20 88 88

IN LUXEMBURG

Office National de Tourisme (O.N.T.)

68–70, bd. de la Pétrusse • 1010 Luxemburg • Tel. 0 03 52 42 82 82 10 •
www.ont.lu ▸ Klappe hinten, a 5

Luxembourg City Tourist Office

Gare Centrale, Place d'Armes • 2011 Luxemburg • Tel. 0 03 52 42 82 82 20 •
www.lcto.lu ▸ Klappe hinten, c 6

BUCHTIPPS

Einfach und genial – die Rezepte der Spitzenköchin Léa Linster (Goldmann 2005) Dieses umfangreiche Buch ist Hochgenuss und Gaumenfreude zugleich. Die bekannte Sterneköchin zeigt, wie raffinierte und zugleich bodenständige Spitzenküche mit einfachen Zutaten und den richtigen Tricks auch zu Hause gelingt.

Dirk Münchow: Spur aus der Vergangenheit (2005, Ahead and Amazing Verlag, plus Audio-CD) In dem heimtückischen Krimi führt der Luxemburger Autor den Leser auf 220 Seiten durch die abwechslungsreiche Landschaft des Großherzogtums. Es passieren mysteriöse Dinge, und der Held gerät durch sinnliche und materielle Begierde in eine tödliche Affäre.

DIPLOMATISCHE VERTRETUNGEN

Botschaft der Bundesrepublik Deutschland

20–22, av. Emile Reuter •
2420 Luxemburg • Tel. 0 03 52
45 34 45 1

Botschaft der Republik Österreich

3, rue des Bains • 1212 Luxemburg •
Tel. 0 03 52 47 11 88

Schweizer Botschaft

25a, bd. Royal • 2449 Luxemburg •
Tel. 0 03 52 227 47 41

FEIERTAGE

1. Januar Neujahr
Fastnachtsmontag (teilweise)
Ostermontag
Pfingstmontag
1. Mai Tag der Arbeit
Mai Christi Himmelfahrt
23. Juni Nationalfeiertag
15. August Mariä Himmelfahrt
1. November Allerheiligen
2. November Allerseelen (teilweise)
25./26. Dezember Weihnachten

GELD

Das Zahlen mit **Kreditkarten** ist in allen besseren Hotels, Restaurants, Tankstellen und vielen Geschäften möglich. Weit verbreitet ist die Visa-Karte. **Banken** haben ihre Schalterstunden meistens Mo–Fr.

INTERNET

www.visitluxembourg.lu ist die offizielle Website des Landesverkehrsamtes und Tourismusministeriums.

www.adclux.info informiert über die Burgen und Schlösser des Landes.

www.agendalux.lu zeigt alle Veranstaltungen auf einen Blick.

www.tours.lu bietet Vorschläge und Streckenkarten für Wanderungen und Radtouren.

LUXEMBURG-CARD

Freier Eintritt in vielen Sehenswürdigkeiten und kostenlose Benutzung der öffentlichen Verkehrsmittel. Bei einem intensiven Besichtigungsprogramm zahlt sich dieses Angebot nicht nur für Familien aus. Sie kaufen die Karte für ein, zwei oder drei Tage und können dann fast alle Attraktionen des Landes kostenlos besuchen. Preisbeispiel: Für 1 Tag kostet die Karte 10 € pro Person, für Familien bis zu 5 Personen 20 €. 2 und 3 Tage sind günstiger. Verkaufsstellen: Hotels, Sehenswürdigkeiten, öffentliche Transportmittel, Bahnhöfe und Informationsbüros.

MEDIZINISCHE VERSORGUNG

KRANKENVERSICHERUNG

Die Vorlage einer Europäischen Krankenversicherungskarte (EHIC) ist ausreichend. Als zusätzlicher Versicherungsschutz empfiehlt sich der Abschluss einer Auslandskrankenversicherung, da diese Krankenrücktransporte mitversichert.

KRANKENHAUS

Krankenhäuser befinden sich Luxemburg-Stadt, Differdange, Esch-sur-Alzette und Wiltz.

APOTHEKEN

Apotheken sind in der Regel Mo–Sa von 8/9–18 Uhr geöffnet.

NOTRUF

Euronotruf Tel. 112
(Polizei, Feuerwehr, Rettungsdienst)

POST

Die Öffnungszeiten der Postämter (PTT) hängen auch von der Größe der Orte ab. Meistens sind die Postämter von Mo–Fr 8–12 und 13.30–17 Uhr geöffnet, in der Landeshauptstadt teilweise länger. An alle Postämter kann man sich seine Post schicken lassen, die dann dort gelagert wird. Den Hinweis »Poste restante« sollten Sie nicht vergessen! Beim Abholen ist der Personalausweis erforderlich. Die Farbe der Briefkästen ist Gelb.

REISEWETTER

Im Wesentlichen herrscht in Luxemburg das gleiche Klima wie im Westen Deutschlands. Die belgischen Ardennen halten erste Regengüsse, die vom Atlantik her anrollen, ab. Das ganze Jahr über übt die abwechslungsreiche Landschaft ihren Reiz auf Besucher aus. Die bevorzugte Reisezeit ist Mai bis Mitte Oktober, wobei Mai und Juni zu den sonnigsten Monaten des Jahres gehören, trotzdem gibt es keine Sonnengarantie. Im Juli und August ist es am wärmsten.

TELEFON

VORWAHLEN

D, CH ▸ L 0 03 52

A ▸ L 0 04 32

Luxemburg ▸ D 00 49

Luxemburg ▸ A 00 43

Luxemburg ▸ CH 00 41

TRINKGELD

Offiziell ist das Trinkgeld in den Endpreisen enthalten. Trotzdem ist es üblich, beim Bezahlen im Restaurant den Betrag aufzurunden bzw. etwas Trinkgeld auf dem Tisch liegen zu lassen.

VERKEHR

MIT DEM AUTO

Zentrum des Straßennetzes ist die Hauptstadt, die auf einem Autobahnring umfahren werden kann. N 7/E421 heißt die gut ausgebaute Nationalstraße, die von Luxemburg nach Norden führt. Die 68 km bis zur nördlichen Grenze sind damit schnell zurückgelegt. Auf Autobahnen erreicht man nach nur wenigen Kilometern die Grenzen im Süden, Osten und Westen. Abseits der Hauptverkehrsachsen kann eine Fahrt über Land wesentlich länger dauern. Die Straßen schlängeln sich oft durch Dörfer, Wälder und über weite Hochflächen und sind sehr gut ausgeschildert. In Luxemburg-Stadt sollten Sie den Wagen möglichst auf einem der kostenlosen Park-and-Ride-Plätze abstellen und in den Bus umsteigen oder am Rande der Altstadt einen der großen gebührenpflichtigen Parkplätze, beispielsweise neben dem Hauptbahnhof, ansteuern.

NEBENKOSTEN

1 Tasse Kaffee	1,50 €
1 Bier	1,60 €
1 Cola	1,60 €
1 Brot (ca. 500 g)	1,00 €
1 Schachtel Zigaretten	3,80 €
1 Liter Benzin	1,35 €
Fahrt mit öffentl. Verkehrsmitteln (Einzelfahrt)	1,50 €
Mietwagen/Tag	ab 30,00 €

BAHN

Von der Hauptstadt aus erschließen fünf Eisenbahnstränge das Land. Zusätzlich zu den internationalen Zügen, die diese Trassen befahren, werden Regionalbahnen eingesetzt. Somit ergeben sich häufige Verbindungen zwischen den Orten. Sehr praktisch für den Urlauber ist die Tageskarte (oder auch Monatskarte), mit der das Schienennetz zum Einheitspreis benutzt werden kann, unabhängig von Dauer und Richtung der Fahrt.
Tel. 24 89 24 89 • www.cfl.lu

BUSSE

Mit dem Linienbus ist praktisch jeder Winkel des Landes erreichbar. Auskunft bei der Mobilzentrale in den Bahnhöfen Luxemburg und Belval-Université (Tel. 24 65 24 65,

Mittelwerte	JAN	FEB	MÄR	APR	MAI	JUN	JUL	AUG	SEP	OKT	NOV	DEZ
Tagestemperatur	2	4	9	14	18	21	23	22	19	13	7	3
Nachttemperatur	-3	-2	1	4	7	10	12	12	9	5	2	-1
Sonnenstunden	1	2	4	6	7	6	6	6	5	3	1	1
Regentage pro Monat	13	11	10	10	10	10	10	12	10	9	12	12

www.mobiliteit.lu). Wer mit öffentlichen Verkehrsmitteln reisen möchte, sollte vor Ort den umfangreichen Fahrplan **Horaire RGTR-CFL BUS** kaufen. Tageskarten zur Kombination von Bus und Zug sind sinnvoll. Erhältlich sind sie in Buchhandlungen und an Kiosken.

FAHRRAD

Für einen Urlaub per Rad lohnt es sich, das eigene Fahrrad mitzunehmen. Eine gute Gangschaltung, d. h. mindestens zehn Gänge, machen bei den unvermeidbaren Steigungen das Fahren angenehm. Fahrräder werden in Luxemburg mit der Bahn befördert, sofern Platz ist. An Sonntagen werden die Räder auf bestimmten Zügen gratis transportiert.

MIETWAGEN

Die namhaften internationalen Autovermieter haben jeweils eine Filiale in der Hauptstadt und am Flugplatz. In den kleineren Orten wird es schwierig, einen Wagen zu mieten. Adressen sind beim Touristenbüro O. N. T. (▸ Auskunft, S. 111) erhältlich.

ZEITUNGEN UND ZEITSCHRIFTEN

Die Zeitungen sind zweisprachig – deutsch und französisch.

ZOLL

Reisende aus Deutschland und Österreich dürfen Waren abgabenfrei mit nach Hause nehmen, wenn diese für den privaten Gebrauch bestimmt sind. Bestimmte Richtmengen sollten jedoch nicht überschritten werden (z. B. 800 Zigaretten, 90 l Wein, 10 kg Kaffee). Weitere Auskünfte unter www.zoll.de und www.bmf.gv.at/zoll.

Reisende aus der Schweiz dürfen Waren im Wert von 300 SFr abgabenfrei mit nach Hause nehmen, wenn diese für den privaten Gebrauch bestimmt sind. Tabakwaren und Alkohol fallen nicht unter diese Wertgrenze und bleiben in bestimmten Mengen abgabenfrei (z. B. 200 Zigaretten, 2 l Wein). Weitere Auskünfte unter www.zoll.ch.

ENTFERNUNGEN (IN KM) ZWISCHEN WICHTIGEN ORTEN

	Clervaux	Diekirch	Echternach	Esch-sur-Alzette	Luxemburg	Mondorf-les-Bains	Remich	Vianden	Wasserbillig	Wiltz
Clervaux	–	30	58	78	59	88	82	43	79	26
Diekirch	30	–	28	52	33	62	55	13	49	34
Echternach	58	28	–	54	35	64	58	34	21	62
Esch-sur-Alzette	78	52	54	–	19	26	35	65	63	74
Luxemburg	59	33	35	19	–	29	23	45	34	55
Mondorf-les-Bains	88	62	64	26	29	–	11	74	39	84
Remich	82	55	58	35	23	11	–	68	28	78
Vianden	43	13	34	62	45	74	68	–	55	47
Wasserbillig	79	49	21	63	34	39	28	55	–	89
Wiltz	26	34	62	74	55	84	78	47	89	–

Kartenatlas

Maßstab 1:300 000

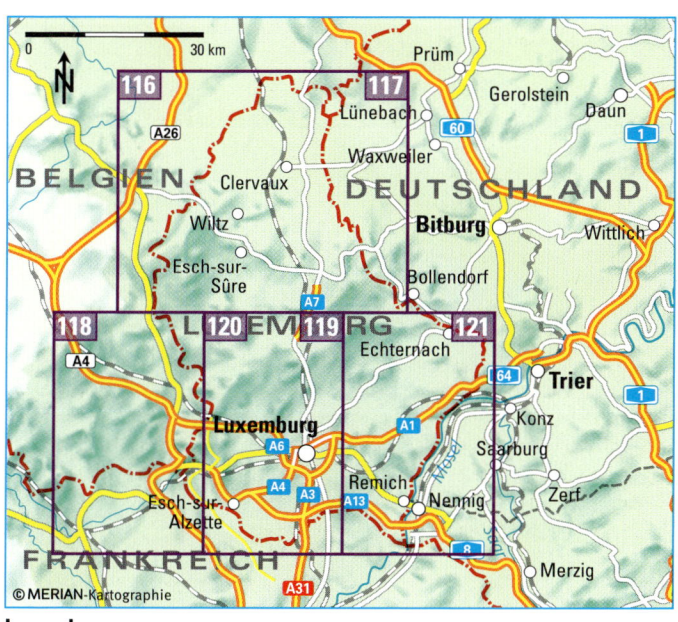

Legende

Spaziergänge

- ○━━● Durch die Ardennen (S. 94) Start: S. 117, D2
- ○━━● Im Tal der Burgen und Schlösser (S. 96) Start: S. 119, F7
- ○━━▶ Auf der ehem. Eisenbahntrasse nach Belgien (S. 98) Start: S. 116, C3

Sehenswürdigkeiten

- **10** MERIAN-TopTen
- **10** MERIAN-Tipp
- Sehenswürdigkeit, öffentl. Gebäude
- ✳ Sehenswürdigkeit Kultur
- ♟♟ Kirche; Kloster
- ✡ Synagoge

Sehenswürdigkeiten ff.

- ♟ Schloss, Burg
- ♟ Schlossruine, Burgruine
- 🏛 Museum
- 🗿 Denkmal

Verkehr

- ━━━ Autobahn
- ━━━ Autobahnähnliche Straße
- ━━━ Fernverkehrsstraße
- ━━━ Hauptstraße
- ┈┈┈ Nebenstraße
- ──── Unbefestigte Straße, Weg
- Fußgängerzone
- **P** **P** Parkmöglichkeit

Verkehr ff.

- **B** Busbahnhof
- **CFL** Bahnhof
- ✈ Flughafen
- ⊕ Flugplatz

Sonstiges

- **i** Information
- 😈 Theater
- ▱ Botschaft, Konsulat
- ✳ Aussichtspunkt
- ▭ Naturparkgrenze
- ✝✝✝ Friedhof

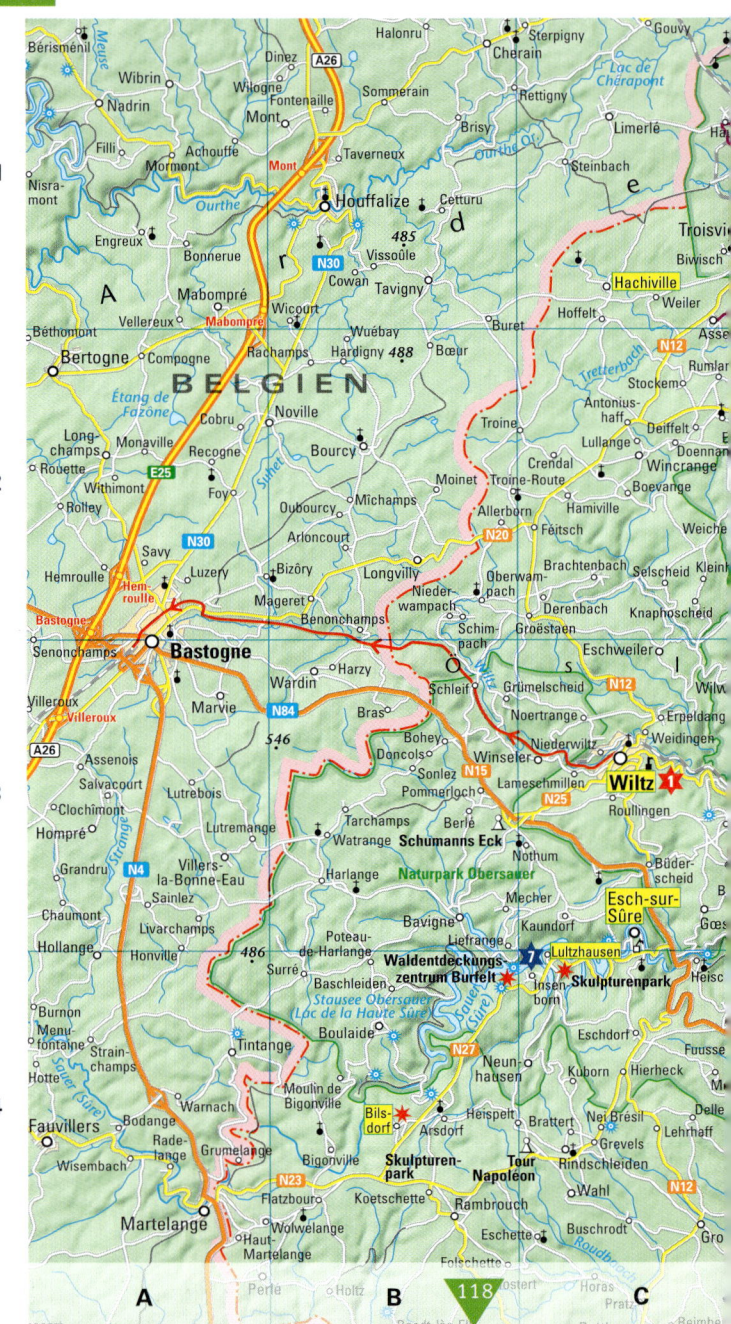

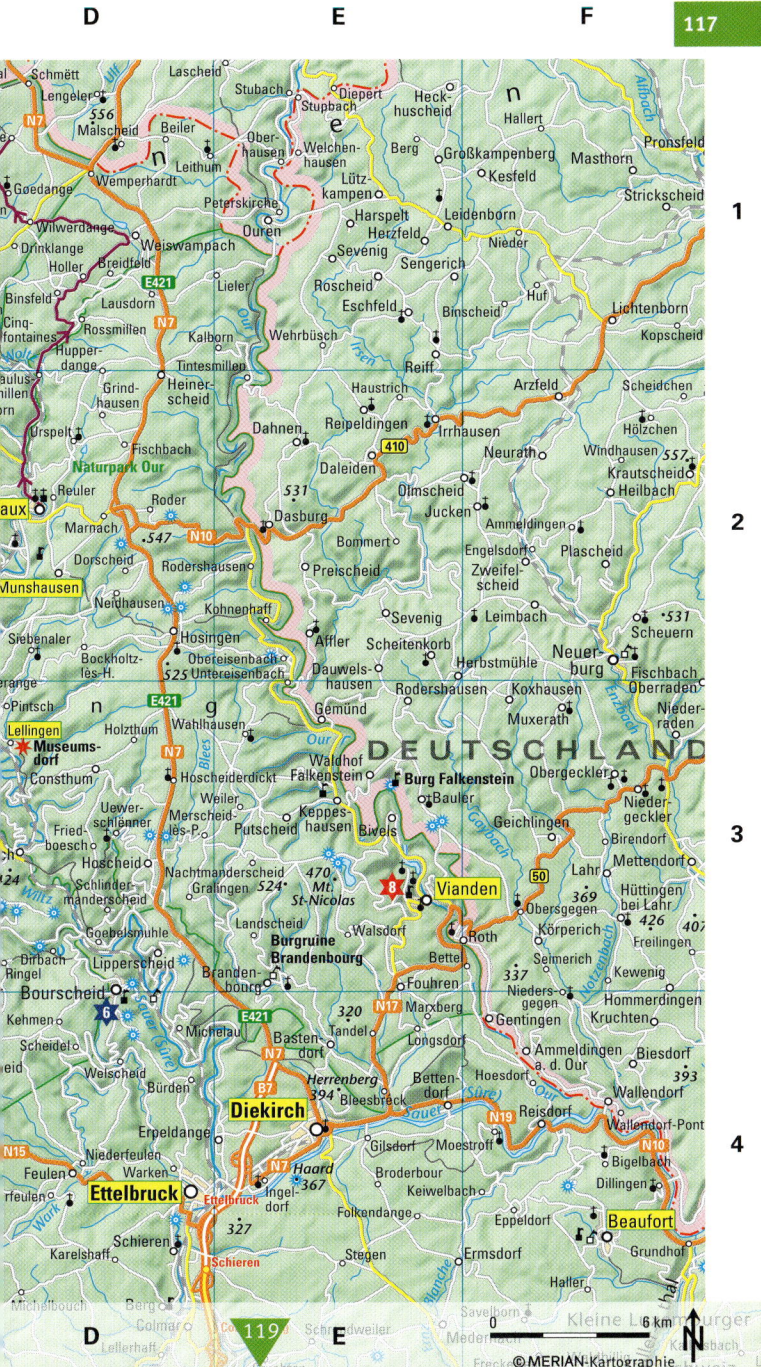

D　　　　　E

© MERIAN-Kartographie

0　　　6 km

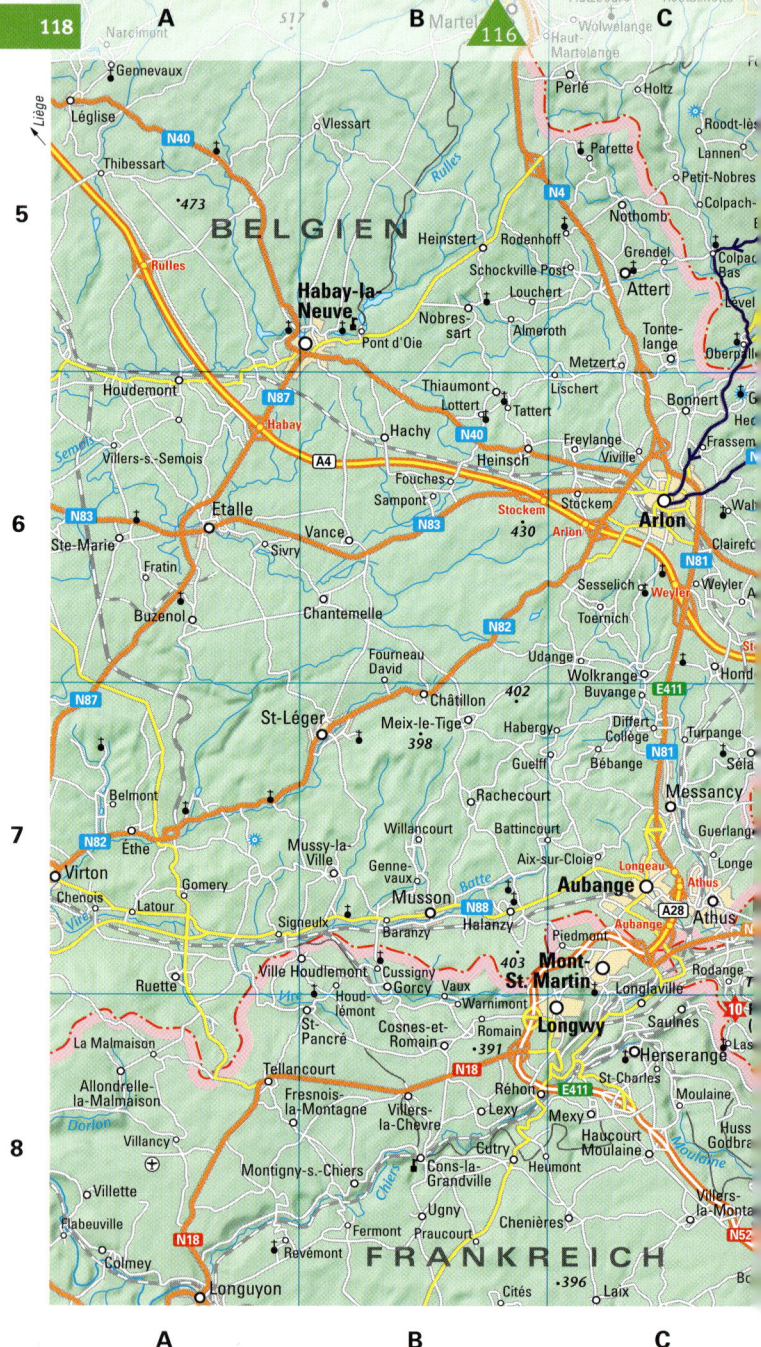

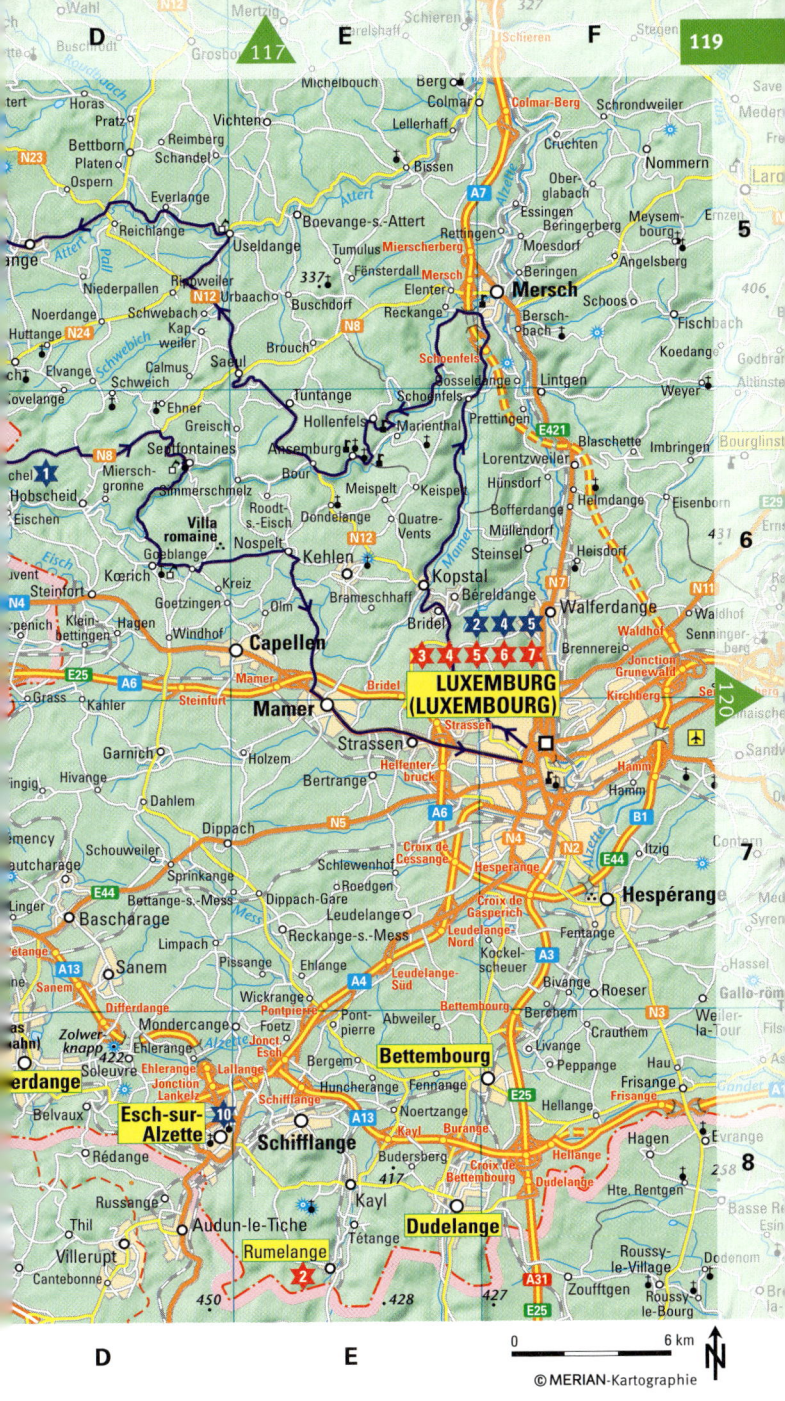

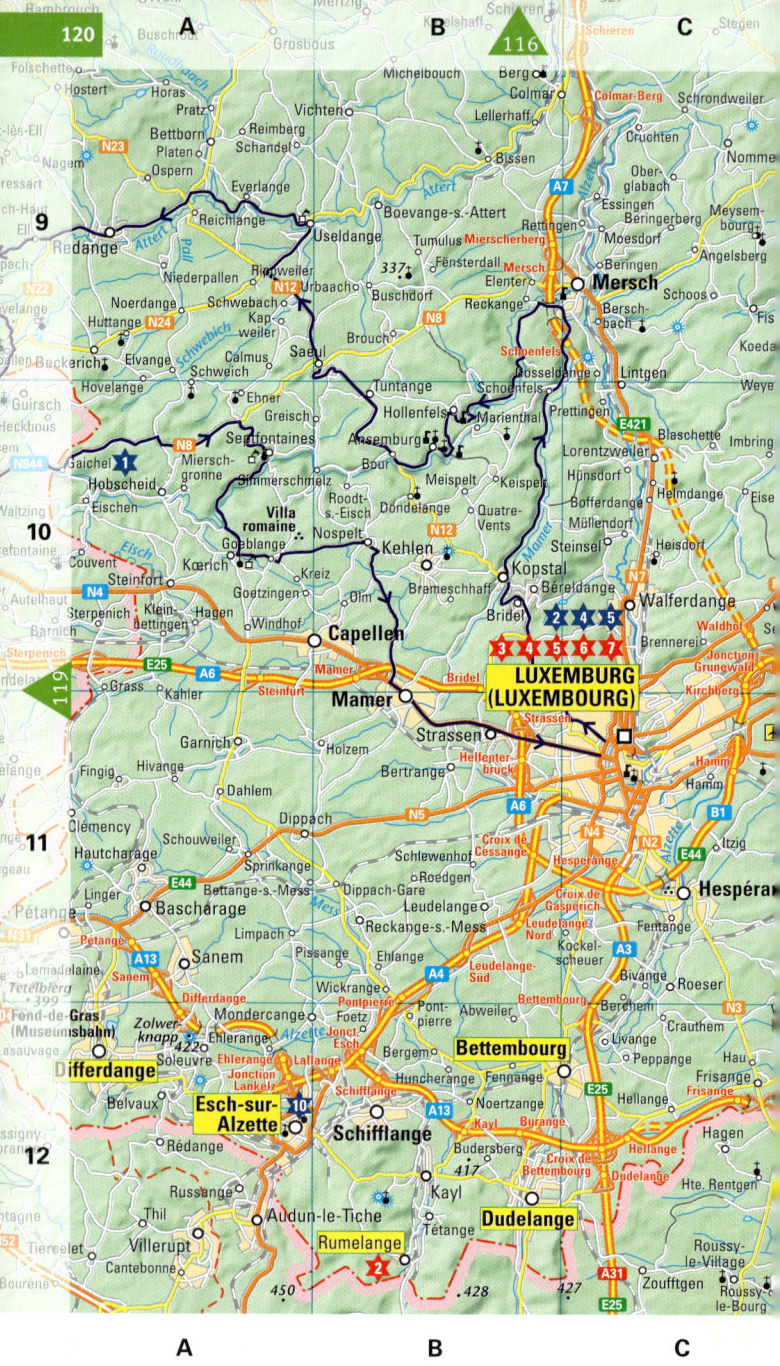

Kartenregister

Orts- und Sachregister

Wird ein Begriff mehrfach aufgeführt, verweist die **fett** gedruckte Zahl auf die Hauptnennung, eine *kursive* Zahl auf ein Foto.
Abkürzungen:
Hotel [H]
Restaurant [R]

Liebe Leserinnen und Leser,
vielen Dank, dass Sie sich für einen Titel aus unserer Reihe MERIAN *live!* entschieden haben. Wir freuen uns, Ihre Meinung zu diesem Reiseführer zu erfahren. Bitte schreiben Sie uns an merian-live@travel-house-media.de, wenn Sie Berichtigungen und Ergänzungen haben – und natürlich auch, wenn Ihnen etwas ganz besonders gefällt.

Alle Angaben in diesem Reiseführer sind gewissenhaft geprüft. Preise, Öffnungszeiten usw. können sich aber schnell ändern. Für eventuelle Fehler übernimmt der Verlag keine Haftung.

© 2011 TRAVEL HOUSE MEDIA
   GmbH, München
MERIAN ist eine eingetragene Marke der GANSKE VERLAGSGRUPPE.

1. Auflage

BEI INTERESSE AN DIGITALEN DATEN AUS DER MERIAN-KARTOGRAPHIE:
kartographie@travel-house-media.de

BEI INTERESSE AN ANZEIGENSCHALTUNG:

KV Kommunalverlag GmbH & Co KG
MediaCenterMünchen
Tel. 0 89/92 80 96 44
winzer@kommunal-verlag.de

TRAVEL HOUSE MEDIA
Postfach 86 03 66
81630 München
merian-live@travel-house-media.de
www.merian.de

PROGRAMMLEITUNG
Dr. Stefan Rieß
REDAKTION
Anne-Katrin Scheiter
LEKTORAT
Rosemarie Elsner
BILDREDAKTION
Anne-Katrin Scheiter
SCHLUSSREDAKTION
Gisela Wunderskirchner
SATZ
Nadine Thiel | kreativsatz
REIHENGESTALTUNG
Independent Medien Design,
Elke Irnstetter, Mathias Frisch
KARTEN
Gecko-Publishing GmbH
für MERIAN-Kartographie
DRUCK UND BUCHBINDERISCHE VERARBEITUNG
Stürtz Mediendienstleistungen, Würzburg
GEDRUCKT AUF
Eurobulk von der Papier Union

Ein Unternehmen der
GANSKE VERLAGSGRUPPE

MIX
Papier aus verantwortungsvollen Quellen
FSC
www.fsc.org
FSC® C043954